AF297128

CONDITIONS ET ESSAIS

DE

RÉCEPTION DES MÉTAUX

CONDITIONS ET ESSAIS

DE

RÉCEPTION DES MÉTAUX

PAR

GEORGES CHARPY

Correspondant de l'Institut,
Docteur ès sciences,
Sous-directeur technique de la Compagnie des Forges
de Chatillon, Commentry et Neuves-Maisons.

AVEC PRÉFACE

DE

HENRY LE CHATELIER

Membre de l'Institut,
Inspecteur général des Mines.

PARIS

H. DUNOD et E. PINAT, ÉDITEURS

47 et 49, Quai des Grands-Augustins (VIᵉ)

1917

PRÉFACE

DE M. HENRY LE CHATELIER

Les deuils et les souffrances engendrés par la guerre, juste retour de notre imprévoyance passée, ont amené bien des Français à réfléchir. Au lendemain de la paix, des réformes jugées impossibles autrefois, se réaliseront sans difficulté. Chacun de nous comprend aujourd'hui les dangers auxquels il s'est exposé sans nécessité pour s'être désintéressé trop complètement des questions d'intérêt public, en ne songeant qu'à ses petites affaires personnelles.

L'étude de M. Charpy sur les cahiers des charges, vient à son heure ; elle est motivée par les difficultés incessantes rencontrées au cours de l'improvisation de nos fabrications de guerre. Dès le temps de paix, M. Charpy avait signalé la nécessité de réviser les conditions de réception des produits métallurgiques ; il reprend là une campagne déjà ancienne avec l'espoir de la faire aboutir cette fois plus facilement. J'ai accepté d'écrire une préface à ce petit volume dans le but de donner quelques précisions interdites à l'auteur par sa situation d'ingénieur attaché à des usines travaillant pour les grandes administrations de l'Etat.

La vie d'un pays dépend d'un grand nombre de facteurs différents : questions industrielles, commerciales, poli-

tiques, sociales, religieuses, etc..., et chacun de ces facteurs
dépend lui-même de nombreux sous-facteurs. Pour améliorer le fonctionnement de la grande machine nationale,
il faut améliorer par le détail chacun de ses rouages, en
commençant par les plus importants et aussi par les plus
faciles à atteindre. La question des cahiers des charges est
un facteur important de la prospérité industrielle d'un pays ;
en même temps, les réformes proposées par M. Charpy
sont assez simples pour être accessibles à tout homme de
bon sens et de bonne volonté. Il semble donc possible de
créer à leur sujet un mouvement d'opinion et peut-être de
le faire aboutir.

Rappelons d'abord l'importance des cahiers des charges,
indiquons leur rôle capital pour stimuler suivant les cas,
ou au contraire paralyser complètement une industrie. Par
leurs conditions de réception, l'artillerie et la marine ont
exercé une action féconde sur le développement de notre
métallurgie et nous ont donné tous les aciers employés
aujourd'hui dans les constructions civiles. L'acier Bessemer
et surtout l'acier Martin, perfectionné en vue de la fabrication des canons, servent maintenant à faire des tôles, des
rails, des poutrelles. De même les alliages nickel-chrome
pour projectiles et plaques de blindages, ont passé dans la
construction automobile. Les exigences si minutieuses des
artilleurs ont été un aiguillon très profitable pour les
industriels, les poussant vers l'amélioration de la qualité
et le perfectionnement des méthodes de travail. Par contre,
les cahiers des charges des architectes de la ville de Paris,
ont tué l'industrie des chaux hydrauliques dans un rayon
de 200 kilomètres autour de la capitale. N'insistons pas,
car heureusement c'est là un souvenir des temps passés.
On a trop souvent perdu de vue cette action incontestable

des cahiers des charges; il est temps d'y penser sérieusement, si nous voulons prochainement lutter à armes égales
contre nos concurrents étrangers.

Que faut-il faire? Apporter dans la rédaction des cahiers
des charges, comme le demande M. Charpy, un peu plus de
bon sens, d'esprit scientifique et de sens moral. J'ai été trop
souvent témoin des vices signalés par l'auteur et de leurs
graves inconvénients pour ne pas m'associer énergiquement
à sa campagne de salubrité publique.

En premier lieu, que doit-on appeler manque de sens
moral dans la rédaction d'un cahier des charges? Voici un
exemple. Discutant un jour avec un ingénieur très compétent un cahier des charges dont il était l'auteur, je lui faisais
remarquer combien les prescriptions accumulées dans son
travail, sans motif plausible, étaient inutiles au consommateur et nuisibles au fabricant. Je suis parfaitement d'accord
avec vous, me répondit-il; il m'eût suffi d'une demi-page
pour énoncer les conditions utiles, mais si je l'avais fait et
que les matériaux reçus eussent ensuite occasionné un
accident, j'aurais à coup sûr été condamné par les tribu-
naux. Avec le luxe de prescriptions dont je me suis couvert,
personne ne me reprochera d'avoir négligé les précautions
nécessaires.

Voyons maintenant la contre-partie de cette méthode.
Chargé par une administration de l'État de vérifier la
qualité d'appareils sanitaires livrés pour un grand établissement, je constatai que contrairement aux prescriptions
du cahier des charges, ces appareils étaient en faïence au
lieu d'être en grès cérame. Ils auraient donc dû être refu-
sés. Mais le fournisseur put apporter la preuve que dans
les fournitures d'architecture on accepte normalement
comme grès la faïence, qu'il n'y avait pas de tromperie sur

la marchandise vendue par suite de traditions connues de tous, résultant sans doute, il est vrai, de l'ignorance habituelle du consommateur.

Une fois engagé dans cette voie, il est bien difficile de s'arrêter et de distinguer à coup sûr les tromperies licites des autres.

Voici un second cas moins facile à apprécier ; c'est seulement de la malhonnêteté inconsciente. Beaucoup d'ingénieurs, peu convaincus de l'efficacité des conditions de réception qu'ils imposent, les complètent par une clause léonine : *Les produits livrés devront d'ailleurs se montrer de bonne qualité à l'emploi.* C'est là une condition indéterminée dont l'appréciation est en fait laissée au jugement des contremaîtres d'atelier, ou même de simples ouvriers. Cette clause, inopérante vis-à-vis des grandes sociétés industrielles, qui ont le bras assez long pour se défendre contre les abus de pouvoir, même quand ils émanent des administrations de l'Etat, menace seulement les fournisseurs honnêtes et de puissance financière moyenne. L'emploi de ces clauses arbitraires a généralisé l'usage d'éclairer la conscience des employés chargés de les appliquer et beaucoup d'essayeurs des grandes administrations ont pris l'habitude fâcheuse de tendre trop facilement la main. Ils considèrent ces petits profits comme un mode de rémunération aussi licite que le sou du franc des cuisinières. Cela est regrettable.

Le manque de jugement dans la rédaction de cahiers des charges, dressés cependant par des hommes très intelligents, est bien fait pour surprendre. Que de fois ai-je entendu dire : Tel produit reçu, il y a cinquante ans, sur telles conditions donnait toute satisfaction, pourquoi changer ? Il semble pourtant que depuis un siècle l'industrie

a un peu marché ; il est au moins désirable de la voir pro-
gresser. Pour assurer cette immobilité, on impose des
clauses de fabrication. Mais ces conditions varient au gré
de l'inexpérience de chaque consommateur et sont parfois
contradictoires entre produits similaires. Pour les canons,
on exige une trempe et un traitement thermique très
compliqué, qui améliorent certainement beaucoup la qualité du métal. Mais à côté de cela, pour les bandages de
locomotives appelées à subir en service des chocs analogues
à ceux des canons, on interdira tout traitement thermique,
ou plus exactement on interdira le mot, car le laminage
ne peut se faire sans un chauffage préalable, c'est-à-dire
sans une opération thermique non déterminée, parfois
même très dommageable, si elle a été mal conduite. Le
traitement correct seul est ainsi interdit, par l'unique raison qu'on ne connaissait pas, il y a cinquante ans, les avantages de ces nouvelles méthodes de travail.

Autre erreur. Dans bien des cahiers des charges, on
impose pour les grandeurs mesurées des minima et non
des moyennes, sous le prétexte fallacieux que la seule chose
importante est d'avoir l'assurance qu'aucun des produits
livrés ne tombe au-dessous d'un certain niveau jugé utile à
tel ou tel usage. Or d'une part, on n'essaye pas la millième
partie des objets livrés, d'autre part, les conditions imposées diffèrent totalement de celles de l'emploi pratique. Par
exemple pour un ciment, qui ne supportera jamais 1 kilog
par centimètre carré, on demandera à l'essai une résistance
minima de 10 kilogs. Ce système des minima a le grave
inconvénient de pousser les usines qui travaillent le mieux
à livrer des produits de qualité inférieure, en cotoyant toujours le minimum, que grâce à la régularité de leur fabrication elles se savent assurées de ne pas franchir. Dans un

pays étranger, je visitais récemment une usine à gaz remarquablement organisée, qui était parvenue à régler exactement son gaz sur le minimum du pouvoir calorifique exigé. Elle y ajoutait du gaz de gazogène, en quantité déterminée chaque jour par les essais de son laboratoire, et vendait ainsi un gaz renfermant 10 p. 100 d'azote. En imposant au contraire une moyenne, la ville ainsi éclairée eût obtenu pour le même prix un gaz possédant un pouvoir calorifique de 10 à 20 p. 100 plus élevé.

Une autre pratique non moins contraire au bon sens est de prescrire dans un même cahier des charges plusieurs conditions équivalentes, dont les divergences sont le plus souvent imputables aux seules erreurs d'expérience. Autrefois, pour la réception des produits hydrauliques, on demandait des essais sur pâte pure et sur mortier, des essais d'arrachement et d'écrasement, faits à 7, 28 et 84 jours. Soit douze essais pour apprécier une seule et unique qualité : la résistance mécanique. Pratiquement, cela n'apprend rien de plus qu'un seul essai à 7 jours sur mortier. Par contre cela a le grave inconvénient de rendre les essais tellement coûteux qu'on les fait porter sur une trop petite fraction des produits livrés et cela les allonge tellement qu'ils ne peuvent être terminés avant l'emploi du ciment. Pratiquement ce luxe de clauses équivaut à la suppression de tout essai de réception.

S'il suffisait cependant d'un peu de bon sens et de sens moral pour faire de bons cahiers des charges, cela ne devrait pas être bien difficile à obtenir, mais il faut encore beaucoup de méthode scientifique, ce qui est une denrée plus rare. La méthode empirique, de beaucoup la plus répandue, conduit à imposer pour chaque matière un nombre d'essais différents égal à celui de leurs diverses applications, et à se

rapprocher autant que possible, pour chaque essai, des conditions mêmes d'emploi. L'étude scientifique des problèmes
pratiques fait voir au contraire que l'infinie variété des
opérations industrielles met seulement en jeu un petit
nombre de facteurs élémentaires différents, dont les com-
binaisons possibles se multiplient à l'infini.

L'étude scientifique des conditions de réception des
matériaux consiste donc à définir, par une analyse rigoureuse, ces facteurs élémentaires relativement peu nombreux,
puis à choisir les méthodes de mesure les plus convenables
pour en déterminer la grandeur.

Afin de préciser ces notions prenons un exemple, celui
des conditions de réception d'un bon sable de fonderie.

Le moule ne doit pas se désagréger sous le choc du métal
en fusion. Cette propriété dépend du durcissement du sable
par dessiccation et cette dureté dépend elle-même de la proportion d'argile.

Le moule ne doit pas fondre au contact du métal en
fusion, c'est-à-dire que le sable ne doit pas être fusible,
même partiellement, à la température du métal chaud,
soit 1.350° environ. Cette fusibilité dépend de la proportion
des bases fondantes, alcalis, chaux et oxyde de fer.

Les gaz dégagés du moule sous l'action de la chaleur ne
doivent pas traverser le métal où ils produiraient alors des
soufflures. Il faut une porosité suffisante du sable pour permettre leur échappement rapide. Cette porosité dépend de
la grosseur des grains de sable.

Par contre cette porosité ne doit pas être assez grande
pour permettre la pénétration du métal liquide. Cette
seconde condition met à la fois en jeu la grosseur des
grains de sable et la proportion de coke incorporé au sable
qui est soluble dans le métal en fusion. On voit donc que

toutes les qualités à l'emploi d'un bon sable de fonderie
dépendent de deux facteurs élémentaires. Composition
chimique et granulométrie des éléments constitutifs du
sable. Mais pour savoir quelles conditions de grandeurs on
doit imposer à ces deux facteurs, de nombreuses expériences
sont encore nécessaires. L'établissement de cahiers des
charges scientifiquement rédigés demandera beaucoup de
travail aux laboratoires de recherches et en particulier au
laboratoire national réclamé par l'Académie des Sciences,
s'il doit jamais être créé.

Au problème des essais de réception, se rattache une
question d'une importance capitale pour l'industrie française, question pour laquelle nous sommes tout à fait en
retard vis-à-vis de nos concurrents étrangers : Anglais,
Américains et Allemands. Il s'agit de la fabrication régulière des produits, dits Standards, c'est-à-dire satisfaisant
uniformément à des conditions déterminées et jugées convenables pour assurer la bonne qualité du produit vendu.
Au lieu de cahiers des charges limités à quelques grandes
administrations et abandonnés aux caprices de chacune
d'elles, il devrait y avoir des règles uniformes pour un
même produit, également acceptées dans tout le pays et
garanties aux gros comme aux petits consommateurs. La
multiplicité des cahiers des charges actuels a le grave
inconvénient d'empêcher les industriels de régulariser leur
fabrication et d'en diminuer ainsi le prix de revient. Cette
variabilité des produits livrés par les usines françaises est
de plus une cause de dépréciation vis-à-vis des pays étrangers. On préférera, à un ciment français de nature indéterminée et toujours changeante, un ciment allemand vendu
sous la garantie uniforme de l'association des fabricants
de ciment portland. Pour la même raison les ciments

belges portant la marque Marteau ont longtemps joui d'une faveur très méritée. En Angleterre les matières colorantes garanties bon teint, c'est-à-dire résistant à la lumière et aux acides dans certaines conditions déterminées, ont une juste réputation.

Dans ces pays, on voit des organismes spéciaux consacrer tous leurs efforts à cette standardisation des produits industriels. A Londres, le Committee of Standards travaille énergiquement depuis une dizaine d'années, en plein accord avec le National Physical Laboratory, à réaliser l'uniformité de la fabrication anglaise. Aux Etats-Unis, la même tâche est accomplie par le Bureau of Standards et la section américaine de l'association internationale des Méthodes d'essais. Puissions-nous ne pas suivre de trop loin l'avance prise par nos concurrents ; espérons que l'appel adressé par M. Charpy, aux ingénieurs responsables de la rédaction de nos cahiers des charges, sera enfin entendu.

H. L. C.

CONDITIONS ET ESSAIS
DE
RÉCEPTION DES MÉTAUX

INTRODUCTION

J'ai réuni dans cette brochure quelques notes et articles publiés à différentes époques et qui tous se rapportent à la même question, savoir, le choix des conditions que le consommateur de métaux (plus particulièrement d'acier) doit imposer au métallurgiste pour être sûr de la matière qu'il emploiera, conditions qui constituent la partie technique des cahiers des charges. Cette question, aussi ancienne que les cahiers des charges eux-mêmes, n'a pour ainsi dire jamais été considérée dans son ensemble et n'a pas fait de progrès aussi rapides qu'on aurait pu l'espérer. Elle est cependant d'une importance capitale, et en ce moment plus d'actualité que jamais. D'une part, les fabrications nécessaires à la guerre ont augmenté dans une proportion considérable le nombre des industriels qui ont à fabriquer des produits soumis à réception d'après des cahiers des charges, qui peuvent, par suite, se rendre compte de l'influence considérable qu'une clause mal justifiée peut avoir en réduisant la production et augmentant le revient, sans présenter d'avantages pour qui que ce soit; d'autre part, ces mêmes besoins de la guerre ont fait sentir la nécessité d'introduire dans les procédés industriels une discipline plus scientifique et d'innombrables articles et discours proclament la nécessité de l'union de la science avec l'industrie. Or, les cahiers des charges ne sont autre chose que les énoncés des problèmes soumis à l'industriel et il paraît bien évident que la première chose à faire est de rédiger ces énoncés d'après la même méthode scientifique que l'on voudrait voir appliquer dans la recherche des solutions. Je n'ai eu d'autre but que d'attirer l'attention sur cette nécessité et d'apporter une première contribution à l'étude de cette question que j'ai soulevée bien des fois déjà, mais en parlant toujours, à ce qu'il m'a semblé, devant les pires sourds, ceux qui ne veulent pas entendre ; la doctrine que je défends est pourtant bien simple, elle se ramène à dire qu'une prescription rationnelle doit être motivée par des raisons susceptibles d'être explicitées, qu'elle doit pouvoir se traduire matériellement en procédés de fabrication, qu'elle doit être définie d'une façon assez précise pour que la vérification ne donne lieu à aucune ambiguïté, et qu'enfin elle doit comporter une sanction nettement déterminée.

J'aurais pu refondre en une rédaction unique les divers opuscules réunis ci-après ; j'ai préféré les laisser sous leur forme primitive, d'une part parce qu'il apparaît clairement ainsi que je n'ai pas eu la prétention d'établir une doctrine d'ensemble et, d'autre part, parce que ces notes, portant pour la plupart une date déjà ancienne, ne peuvent pas être considérées comme des critiques inspirées par les difficultés de l'heure présente.

G. C.

LES CAHIERS DES CHARGES

POUR LA

RÉCEPTION DES MATIÈRES MÉTALLIQUES

Article publié dans la *Revue de Métallurgie*, décembre 1907.

I

Toutes les industries qui utilisent des produits métalliques tendent de plus en plus à exiger pour chaque emploi des métaux dont les propriétés soient garanties et nettement définies, et l'usage des cahiers des charges, réservés jusqu'à présent d'une façon à peu près exclusive aux Administrations de l'État et des grandes Compagnies de chemins de fer, se généralise de jour en jour. C'est là une conséquence nécessaire des progrès de l'industrie que faisait nettement ressortir, dès 1889, le rapport présenté au Congrès international de mécanique appliquée par M. Cornut, ingénieur en chef de l'Association des propriétaires d'appareils à vapeur du Nord, rapport qui a provoqué la création de la Commission française des méthodes d'essai en 1891.

« A mesure que les travaux atteignent des dimensions de plus en plus considérables (disait M. Cornut), il est bien évident que les matériaux doivent satisfaire plus rigoureusement aux conditions de résistance indiquées par les lois de l'observation.

« Les Gouvernements, les Compagnies de chemins de fer, les constructeurs, ont donc introduit dans les cahiers des charges des conditions de réception plus rigoureuses; forçant ainsi les producteurs à baser leur fabrication sur des modes d'investigation méthodiques et suffisamment scientifiques.

« Les difficultés qui se soulèvent quelquefois entre les producteurs et les consommateurs, à propos des matériaux employés dans les constructions, peuvent être des plus sérieuses et des plus importantes. Il s'agit, en effet, dans bien des cas, d'accidents ayant été cause de morts ou de blessures et où, par suite, se trouvent engagées de graves responsabilités correctionnelles, de lourdes responsabilités civiles.

« Les intérêts du producteur et du consommateur sont donc ici les mêmes, et tous doivent désirer les progrès de cette partie de la science qui comprend la recherche des propriétés physiques, chimiques et mécaniques des matériaux. »

Les nombreuses études effectuées sur les essais des matériaux de construction depuis quelques années, et qui ont été réunies dans les publications soit de la Commission française des méthodes d'essai instituée en 1891 par le ministre des Travaux publics, soit de l'Association internationale des méthodes d'essai, fondée en 1895 par le professeur Tetmajer, ont certainement fait faire à cette importante question de très notables progrès ; elles ont notamment contribué puissamment à vulgariser les connaissances relatives aux essais de matériaux, réservées antérieurement à quelques spécialistes ; elles ont servi à classer, à coordonner toutes les recherches anciennes et ont permis de préciser certains points controversés. Mais elles n'ont pas encore pénétré assez profondément dans la pratique courante pour avoir rendu tous les services qu'on est en droit d'en attendre.

Elles ont été limitées, dans bien des cas, à des considérations d'ordre scientifique et n'ont pas été poussées jusqu'à une simplicité suffisante pour pouvoir servir de base à des transactions commerciales. Aussi peut-on dire que la question de l'établissement des cahiers des charges n'a pas progressé aussi rapidement que l'étude des méthodes d'essai, en elles-mêmes, et c'est pourtant là que doit être le progrès réel et définitif. C'est ce que constatait déjà en 1897 au Congrès de Stockholm de l'Association internationale pour l'essai des matériaux, M. W. Ast, directeur des Chemins de fer du nord de l'Autriche, en prononçant les paroles suivantes :

« Nous remarquons un effort extraordinaire du monde technique pour accroître notre connaissance des métaux, de leurs propriétés physiques et chimiques et de la façon dont ils se comportent à l'usage. D'autre part, nous sommes frappés de constater que, malgré l'admirable développement de la production et des applications de ces métaux, malgré les progrès de la science métallurgique, les prescriptions aujourd'hui en vigueur sur le contrôle et la réception de l'acier et du fer ne sont point à la hauteur de nos notions modernes, et que les règles admises pour la prise de livraison ne satisfont, presque partout, ni le producteur, ni le consommateur. »

Dans le même ordre d'idées, nous croyons intéressant de citer également un extrait du mémoire publié sur « les aciers propres à la construction des machines » par M. Auscher, ingénieur en chef des constructions navales, en insistant sur ce que ces opinions défavorables sur les cahiers des charges actuellement en vigueur proviennent non de producteurs qui les subissent, mais d'ingénieurs appartenant à des corps qui établissent ces prescriptions.

« Les travaux entrepris depuis quelques années sur la structure intime des aciers (dit M. Auscher) présentent un intérêt scientifique considérable, mais il faut bien reconnaître qu'ils n'ont pas donné, jusqu'à présent, de résultats pratiques appréciables.

« Il suffit, pour s'en convaincre, de constater la diversité, voire les contradictions, qu'on relève dans les conditions de recette imposées aux aciéries par la Marine, par l'Artillerie, par les Compagnies de chemins de fer. Cette variété d'exigences, bien propre à dérouter constructeurs et fournisseurs, montre bien combien la question est peu avancée et quel intérêt s'attache à apporter dans les cahiers des charges plus de clarté et partant plus de simplicité. »

Il y a déjà quelque temps que ces lignes ont été écrites et il serait injuste de déclarer qu'il n'a été fait depuis aucun progrès ; elles gardent néanmoins encore une grande partie de leur valeur à l'heure actuelle.

Il faut d'ailleurs reconnaître que cette question des cahiers des charges présente de très réelles difficultés, mais ce n'est pas une raison pour renoncer à l'étudier d'une façon systématique. A défaut d'une solution complète et vraiment satisfaisante, on peut espérer des progrès partiels qui seront déjà fort appréciables. Dès maintenant, en étudiant soigneusement les cahiers des charges actuellement en vigueur, on est amené à reconnaître que certaines modifications s'imposent pour ainsi dire, d'elles-mêmes. Il ne nous paraît pas contestable en effet que le principe suivant doit dominer toute la rédaction : Toutes les conditions imposées doivent être spécifiées avec assez de netteté et de précision pour que chacune des deux parties (le producteur ou le consommateur) puisse les vérifier sans ambiguïté à un moment quelconque, et que tout désaccord entre eux ne puisse être attribué qu'à un mode opératoire défectueux de l'un des deux, et soit ainsi facile à trancher par un arbitre compétent.

Cette simple observation suffit à faire rejeter toutes les prescriptions vagues et indéterminées qui se trouvent dans beaucoup de cahiers des charges ; nous en citerons quelques-unes qui sont classiques :

« Les produits seront de bonne qualité, bien manufacturés et propres à l'usage auxquels ils sont destinés » (usage souvent non spécifié d'une façon précise).

« Les produits seront exempts de tout défaut susceptible de nuire à leur emploi. *L'appréciation des défauts appartient à l'Administration.* »

Ces clauses et les analogues sont généralement peu appliquées ; mais elles n'en existent pas moins, laissant ainsi les producteurs complètement soumis à l'arbitraire de « l'Administration » dont les agents n'ont naturellement pas tous la même valeur et qui, par conséquent, peut avoir, occasionnellement, un représentant dont la compétence n'est pas au-dessus de toute discussion.

Tous les métallurgistes pourraient citer des exemples d'application abusive de ces prescriptions où des produits ayant satisfait à toutes les conditions spécifiées dans un cahier des charges souvent fort compliqué ont été retournés, quelque temps après la livraison, comme « *ne convenant pas à l'usage* ».

À côté de cette observation, qui rentre dans le droit commun, il faut en signaler une autre, d'ordre également général ; il semble que les prescriptions inscrites dans un cahier des charges devraient toutes répondre à des idées déterminées et par suite pouvoir être motivées par des considérations faciles à expliciter, tandis qu'elles paraissent, souvent, établies arbitrairement par comparaison avec des cahiers des charges analogues ou antérieurs. C'est dans l'ouvrage d'un officier d'artillerie qui a eu pendant longtemps à utiliser des matériaux fabriqués par l'industrie d'après des cahiers des charges, que nous trouvons cette manière de voir exprimée avec une singulière énergie. Dans le remarquable ouvrage publié par lui sur « la déformation des corps solides » et où il envisage les problèmes les plus variés, M. le capitaine d'artillerie Duguet s'exprime de la façon suivante (t. II, p. 289).

« *Les cahiers des charges* imposent des conditions de fabrication qui ont été, quelquefois, discutées *verbalement* dans des assemblées plus ou moins compétentes. *D'exposé des motifs écrit*, nous n'en avons jamais vu. Si la *rédaction* était appréciée à sa valeur comme procédé logique, les grandes usines, les Compagnies de chemins de fer, l'État, ne signeraient jamais un cahier des charges qui ne fût accompagné de cet exposé. Quand il devrait n'être lu par personne, ce rapport circonstancié servirait au moins à fixer les idées de l'ingénieur chargé de son établissement. Sans doute, il faudrait, dans bien des cas, avouer qu'on n'a pas de bonnes raisons à donner, et, à côté de ce qu'on sait, dire en toute franchise ce qu'on ne sait pas. Les médecins ont quelques motifs pour paraître savoir bien des choses qu'ils ignorent ; ils agissent indirectement sur le physique en inspirant confiance au malade ; mais les ingénieurs n'ont pas cette excuse. Ils peuvent se dire entre eux les choses qu'ils ignorent, on n'en passera pas moins sur les ponts et ce n'est pas cela qui empêchera de traverser la Manche en wagons. »

Citons encore un autre passage du même ouvrage (tome II, page 227) :

« C'est encore en vain qu'on chercherait les principes de métallurgie qui guident le constructeur dans la rédaction du *cahier des charges*, ou l'ingénieur dans sa fabrication, en ce qui touche la question si importante des poids et dimensions relatifs du lingot et de la pièce finie de forge. L'ingénieur, auquel son instruction fait sentir au moins une partie de ce qu'il ignore en cette matière, consulte l'ouvrier qu'il croit doué d'une vue, d'un instinct particulier. Il affirme, celui-là, qui n'a pas appris à douter ; il communique sa confiance et la solution qu'il propose est adoptée sans discussion. Dans le cabinet du constructeur, c'est l'empirisme le plus vulgaire qui seul sert de guide ; les conditions imposées sont identiques, ou à peu près, à celles qui se trouvent dans les cahiers des charges antérieurs ou analogues ».

Les appréciations du capitaine Duguet sont peut-être d'une sévérité excessive ou du moins sont présentées sous une forme trop générale ; elle ne nous ont pas paru néanmoins devoir être laissées de côté en raison de leur précision même et de l'autorité reconnue de leur auteur. Il faut bien reconnaître d'ailleurs que les considérations qui doivent servir de base à un constructeur pour rédiger un cahier des charges, n'ont jamais été résumées en corps de doctrine et que c'est là une lacune des plus regrettables.

Sans même aller aussi loin, on peut conclure, croyons-nous, des citations qui précèdent, que l'examen des cahiers des charges actuellement en vigueur et des modifications qu'on pourrait y apporter présente un sérieux intérêt. Cet article n'a nullement la prétention de solutionner un aussi grave problème. Il n'a d'autre but que d'attirer sur lui l'attention et de présenter quelques remarques qui pourront être utiles dans la discussion.

II

Les conditions techniques inscrites dans les cahiers des charges pour la réception des matières métalliques, se classent dans deux catégories différentes qui doivent être examinées successivement, et qu'on peut appeler les conditions de fabrication et les conditions de qualité. Les conditions de fabrication qui imposent au producteur certains modes de travail ou certaines précautions spéciales à observer au cours de l'élaboration des produits, sont considérées par beaucoup d'ingénieurs comme procédant d'un principe des plus contestables. Ce principe a été discuté incidemment à plusieurs reprises, notamment au Congrès de Paris en 1900 et au Congrès de Budapest en 1901. Les arguments invoqués par les partisans des conditions de fabrication ont été résumés par M. Vanderheym, ingénieur du service des réceptions des chemins de fer de P.-L.-M. dans une note présentée au Congrès de Budapest, sur le rôle des essais dans le contrôle du matériel roulant de chemin de fer, et dont nous extrayons le passage suivant :

« S'il est nécessaire de s'inspirer, dans le choix des méthodes d'essai, des diverses circonstances que nous venons d'énumérer, il me paraît indispensable aussi que l'ingénieur de chemin de fer se préoccupe des procédés de fabrication des produits qu'il emploie. *Je suis même de ceux qui pensent qu'il doit indiquer au fabricant d'une manière explicite, le procédé qu'il doit suivre.*

« Je sais combien cette manière de voir soulève d'objections, surtout de la part des usiniers, qui voient dans les prescriptions de ce genre une gêne dans leurs entournures ou, bien des fois, un obstacle au progrès.

« Peu vous importe, disent-ils, le procédé que nous employons, pourvu que nous vous donnions le métal que vous nous demandez.

« A cela on peut répondre que le métal que nous demandons n'est pas seulement celui qui satisfait à toutes nos conditions d'épreuve, mais bien aussi celui qui fournira, sous notre matériel, une carrière d'aussi longue durée, sans plus d'incidents, sans plus d'avaries, et comme nous n'avons pas la prétention de caractériser complètement le métal qui nous convient par les seules conditions d'essai, nous tenons à y joindre la condition de fabrication qui nous a assuré jusqu'ici la sécurité. Les deux conditions se complètent pour nous, et constituent ce que nous appellerons l'identité du produit, le certificat d'origine joint au signalement.

« Il n'est pas indifférent, à notre point de vue, pour citer un exemple, que l'on nous fabrique l'acier de nos pièces de chemins de fer au four Martin, ou au convertisseur Thomas, quoique nous ayons l'expérience que par le procédé Thomas on peut obtenir un métal comparable au meilleur acier Martin, quant aux résultats des épreuves ordinaires ; et nous ne nous risquerons pas à laisser fabriquer au convertisseur basique l'acier de nos essieux, de nos bandages, ni même de nos tôles de chaudières ; nous savons tel métallurgiste distingué qui a essayé vainement d'employer de l'acier Thomas d'excellente qualité pour confectionner des pièces délicates d'artillerie. De même nous n'admettons pas qu'on donne un supplément de dureté, par la trempe, à un lot de pièces trop douces, parce que nous craignons, pour l'avoir observée, la tapure de ces pièces.

« Dans le même ordre d'idées, nous interdisons le recuit à la volée des pièces en acier moulé de forme compliquée, parce que ce mode de recuit pour des pièces de ce genre, dont le refroidissement est trop inégal, donne lieu à des tensions qui peuvent amener des tapures.

« Enfin, nous jugeons utile de prescrire les procédés de forgeage, estimant qu'il n'est pas indifférent, suivant la nature des pièces, d'employer le laminoir, le pilon ou la presse. »

Cette manière de voir est très catégorique ; elle consiste à dire que la direction technique de la fabrication des produits métallurgiques doit être entre les mains du consommateur et non entre celles du producteur ; elle est naturellement vivement combattue par les métallurgistes et n'est d'ailleurs pas admise par tous les ingénieurs des services de contrôle. C'est ainsi qu'au Congrès de 1900 où cette question a été soulevée (séance du 12 juillet 1900), M. Roussel, directeur du Service des réceptions des chemins de fer de l'État belge, s'est joint à divers métallurgistes pour déclarer : « Les aciers doivent répondre à des conditions déterminées, cela suffit. Nous n'avons pas à nous occuper des procédés employés pour les obtenir ».

Citons aussi un extrait d'un rapport présenté au Congrès

de 1900 par M. A. L. Colby sur les spécifications normales proposées pour la réception du fer et de l'acier par un Comité
d'ingénieurs américains, représentant les diverses industries
intéressées.

Le paragraphe 4 de ce rapport est intitulé : « *Les détails des
procédés de fabrication ne devraient pas être spécifiés* », et contient en particulier les passages suivants :

« A une seule exception, les spécifications pour acier men-
tionnées dans l'appendice, omettent avec grande raison toute
restriction en ce qui concerne les différents procédés de fabrication, parce que ces spécifications sont forcément différentes
dans les différents pays et aussi parce qu'il est, en général, en
dehors du domaine de l'ingénieur de spécifier les détails des procédés métallurgiques.

Et plus loin :

« Une inspection consciencieuse, basée sur des spécifications
réglant les détails de presque chaque progrès du travail dans
l'usine, est complètement impossible, étant données les limites
de la dépense d'inspection accordées par l'ingénieur ou le con-
tractant. Même si un ou deux ingénieurs, envoyés aux aciéries
pour surveiller la fabrication, étaient tout à fait familiers avec
les procédés de fabrication, ce qui est rarement le cas, il leur
serait impossible d'assister à tous les progrès variés de l'avan-
cement de la fabrication et de les juger intelligemment, de même
qu'il leur serait impossible d'inspecter et de surveiller les essais
du métal fini, sans apporter des retards matériels dans les opérations de la fabrication. Les exigences d'une spécification
réglant les détails des procédés de fabrication sont aussi souvent
franchement ignorées par l'un et par l'autre, le fabricant et
l'inspecteur, et dans certains cas sont supprimées ou matériellement modifiées par l'ingénieur pour permettre à son contrac-
tant de commander le métal. »

L'observation de M. L. Colby est intéressante en ce qu'elle
fait ressortir *l'impossibilité pratique* d'imposer des conditions
de fabrication, sans préjuger de la plus ou moins grande valeur
du principe. Les considérations développées par M. Vanderheym sur le rôle de l'ingénieur chargé des réceptions et sur

le rôle de direction qu'il pourrait assumer dans la conduite des opérations métallurgiques sont certes des plus contestables et il ne paraît guère difficile de trouver des arguments à leur opposer. Mais sans entreprendre cette discussion de principes, qu'il serait peut-être difficile de terminer à bref délai, on peut remarquer qu'il serait suffisant, pour l'objet que nous avons en vue en ce moment, la rédaction rationnelle des cahiers des charges, de constater l'impossibilité pratique d'imposer des conditions de fabrication d'une façon réellement effective. Or, il nous semble qu'on est conduit à se rapprocher de l'opinion de M. Colby quand on cherche à examiner sans parti-pris les conditions de fabrication généralement imposées et qu'on les étudie en prenant comme guide les règles générales difficilement contestables que nous avons rappelées plus haut, c'est-à-dire qu'on s'efforce de les préciser et de les motiver.

Ces conditions sont d'ailleurs fort restreintes en général. En étudiant les principaux cahiers des charges actuellement en vigueur, on doit reconnaître que, en très grande majorité, les ingénieurs qui les ont rédigés n'ont nullement prétendu enseigner la métallurgie aux métallurgistes, mais ont seulement voulu se prémunir contre certaines pratiques considérées comme défectueuses.

En fait, ces conditions se réduisent, à peu de choses près, à quelques prescriptions relatives : *a*) aux matières employées ; *b*) au procédé de fusion de l'acier ; *c*) aux chutes à pratiquer à la tête et au pied du lingot ; *d*) au corroyage à faire subir aux lingots ; *e*) aux traitements thermiques à appliquer aux produits métalliques. Examinons rapidement quelques-unes de ces prescriptions, au double point de vue de leur raison d'être et de leur facilité d'application.

a) Les conditions imposées relativement à la nature et la provenance des matières premières sont faciles à motiver, sans qu'il soit besoin de revenir à la propension aciéreuse de certains minerais, par le fait que les essais courants ne définissent que d'une façon très incomplète ces matériaux. Il est bien certain qu'on a intérêt, pour ne pas troubler une fabrication, à changer le moins possible ses matériaux, et c'est ce que feront d'eux-mêmes tous les métallurgistes. Mais quand il s'agit d'imposer des conditions de ce genre dans un cahier des charges, aux usines de différentes régions, sans se priver des effets utiles de la concurrence, on se heurte à des difficultés insurmontables. Aussi ces prescriptions de provenance, bien difficiles à contrôler, ont-elles presque complètement disparu, et ne voit-on subsister que quelques restrictions relatives à la qualité des matières premières.

Dans certains cahiers des charges des chemins de fer français, on indique que l'emploi des *fontes phosphoreuses* pour la préparation de l'acier est interdit. Cette prescription péchait d'abord par le manque de précision ; toutes les fontes contiennent du phosphore en plus ou moins grande proportion. Récemment on a précisé en disant : l'emploi des fontes contenant plus de 0,1 de phosphore est interdit. Cette interdiction reste difficile à vérifier, en l'absence d'une méthode type d'analyse ; elle pèche aussi par la solidité du motif ; on sait que le phosphore augmente considérablement la fragilité de l'acier, et il est certes plus facile d'obtenir des aciers phosphoreux en partant de fontes phosphoreuses, mais on sait aussi qu'un métal phosphoreux, convenablement déphosphoré, perd sa fragilité en même temps que son phosphore. Il paraît donc plus logique, au lieu de proscrire les fontes phosphoreuses, de refuser les aciers contenant une proportion de phosphore supérieure à une certaine limite ; c'est ce que font les cahiers des charges américains et ce n'est plus alors une condition de fabrication, mais bien une condition de qualité. D'ailleurs, pourquoi cette précaution spéciale pour le phosphore et n'y a-t-il pas d'inconvénient à introduire dans l'acier de l'azote, de l'arsenic, de l'antimoine, du soufre, de l'oxygène, du cuivre, de l'étain, etc., etc. Il est certain que l'emploi de toute matière première contenant des substances susceptibles de nuire à la qualité de l'acier pourra présenter des inconvénients ; mais ces inconvénients seront évités aussi sûrement et bien plus facilement en limitant la teneur de ces substances dans le produit final. Nous ne voulons pas dire par là qu'il faut recommander l'analyse chimique comme moyen de réception des aciers, mais seulement que si on veut imposer des conditions de composition chimique, il est certainement plus logique de les appliquer aux aciers qu'aux fontes qui doivent servir à les préparer.

En résumé, les conditions de provenance des matières premières ont à peu près disparu d'elles-mêmes par suite de l'impossibilité de les appliquer. Les conditions de qualité des matières premières, basées uniquement sur l'analyse chimique, peuvent être remplacées par des conditions de même nature appliquées aux produits finis.

b) La forme la plus générale des conditions relatives au mode de fusion consiste à imposer la fabrication de l'acier au four Siemens-Martin à l'exclusion du procédé Bessemer ou Thomas. Cette condition correspond à une manière de voir qui était parfaitement justifiée autrefois mais qui perd peu à peu sa valeur en même temps que disparaît la possibilité de séparer les procédés de fusion de l'acier en deux types bien distincts avec l'apparition des méthodes telles que le procédé Talbot, le procédé Bertrand-Thiel, le procédé Duplex et les nombreuses formules mixtes de travail que l'on peut concevoir et qui sont toutes réalisables. Certes il y avait, il y a encore quelques années, une différence profonde entre la fusion au four Martin, dans laquelle l'affinage était produit presque exclusivement par les réactions à la surface de séparation du métal et du laitier, et se produisait ainsi très lentement, permettant de nombreux essais et rectifications en cours d'opération, et l'affinage au Bessemer, opération rapide, presque brutale, et qu'il fallait, coûte que coûte, terminer en quelques minutes pour pouvoir évacuer le métal ; mais, à l'heure actuelle, on a accru dans une proportion considérable la production journalière de certains fours Martin, qui s'est rapproché de l'ordre de grandeur de celle des cornues Bessemer. Et quelle différence profonde peut-on trouver entre une cornue Thomas, qui reçoit la fonte liquide préalablement désulfurée dans un mélangeur, pour l'affiner par injection d'un courant d'air et le four Talbot oscillant qui reçoit la fonte liquide provenant d'un mélangeur pour l'affiner par un mélange avec des matières fortement oxydées. Souvent déjà, on a proposé et essayé, sinon mis en pratique courante, des appareils rotatifs, chauffés par des flammes de gaz, et permettant d'amener le métal liquide sur des tuyères ou encore des tuyères mobiles permettant de souffler à travers le métal fondu sur la sole d'un four Martin ; le développement actuel du four électrique vient encore compliquer cette question.

Les progrès de l'industrie conduisent donc à toute une série de procédés qui ne peuvent être directement assimilés aux anciens procédés Bessemer et Martin, ce qui rend à peu près illusoire les prescriptions relatives au mode de fabrication de l'acier, qui devraient être beaucoup plus détaillées pour présenter une valeur réelle.

c) Les chutes imposées dans les cahiers des charges de beaucoup d'administrations ont pour but d'éviter l'influence de la retassure ; pour qu'elles eussent un effet réel, il faudrait donc que leur valeur numérique fût déterminée en tenant compte de toutes les circonstances qui influent sur la forme et le volume de la poche de retassement, poids et forme du lingot, forme et nature de la lingotière, température de coulée, nature du métal, vitesse de refroidissement, etc. Or il n'en est rien et on ne trouve dans aucun cahier des charges de prescription relative à ces différentes conditions, qui ont pourtant chacune une importance capitale quoique difficile à chiffrer numériquement.

On sait très bien, en particulier, que dans certains lingots à cône renversé coulés avec masselotte, la poche de retassement ne dépassera guère 15 à 16 p. 100 du lingot, et que dans des lingots de même poids coulés à cône droit, il pourra se former une légère poche de retassement jusque dans la moitié inférieure du lingot. Dans les lingots comprimés à l'état liquide par le procédé Withworth, on sait aussi que la poche de retassement se localise suivant l'axe du lingot, occupant une fraction très minime du rayon, mais une partie importante de la hauteur. Une chute à la partie supérieure est donc illusoire dans ces conditions. Les prescriptions relatives aux chutes à faire dans les lingots, telles qu'on les libelle d'ordinaire, actuellement n'ont donc pas grande valeur. Elles devraient être complétées par une série d'autres prescriptions qui viendraient aggraver singulièrement la tâche et la responsabilité des rédacteurs de cahiers des charges. Il semble infiniment plus facile de se prémunir contre les dangers de la poche de retassement par un prélèvement judicieux d'éprouvettes d'essai sur la pièce finie, et d'éviter en même temps les inconvénients qui peuvent provenir d'autres défauts, tels que les soufflures, contre lesquels la chute à la partie supérieure du lingot ne donne actuellement aucune garantie.

Déjà, d'ailleurs, certains cahiers des charges n'indiquent des chutes que comme un minimum dont l'effet doit être reconnu suffisant par une vérification spéciale [1].

d) Les prescriptions relatives à un corroyage minimum se retrouvent dans un grand nombre de cahiers des charges, qu'elles n'ont pas quitté depuis l'époque où elles s'appliquaient à des produits fabriqués en fer puddlé, et comme elles affectent une forme numérique précise, et sont parfois susceptibles d'interprétations géométriques, elles sont appliquées très strictement et ont donné lieu à d'innombrables discussions, d'apparence semi-mathématique. Les raisons qui ont conduit à considérer qu'un corroyage de trois était généralement indispensable ne sont indiquées nulle part, et chose curieuse, les traités de métallurgie les plus divers sont uniformément muets sur cette condition qui joue un rôle si important dans les cahiers des charges. Les autres conditions de fabrication que nous passons en revue, les avantages réciproques du Martin et du Bessemer, la formation de la retassure, etc., font, dans les traités, l'objet de longues dissertations ; pour le corroyage, non seulement on ne trouve pas l'expression d'opinions diverses plus ou moins motivées, mais on ne trouve même pas le mot et sa définition. Il est donc bien difficile de discuter cette question de corroyage et c'est là un des cas où il serait intéressant de voir motiver les valeurs numériques inscrites dans les cahiers des charges [2].

e) Les prescriptions relatives aux traitements thermiques sont assez fréquentes dans les cahiers des charges. En les examinant, il est impossible de ne pas être frappé de ce que :

[1] Cette question est discutée plus longuement dans l'article reproduit plus loin sur « La retassure des lingots d'acier ». Page 40.

[2] Cette question est reprise et discutée plus longuement dans l'article reproduit plus loin sous le titre « Martelage, forgeage et laminage ». Voir page 50.

1° elles sont généralement très peu précises et emploient un vocabulaire très indéterminé ; 2° elles sont absolument contradictoires suivant les différents cahiers des charges, les uns proscrivant comme dangereuses des opérations que d'autres jugent indispensables dans des cas analogues ; 3° elles ne sont, par conséquent, motivées que par des raisonnements très contestables, puisqu'on peut en déduire des conclusions opposées.

Il est particulièrement regrettable de voir employer dans des documents qui ont le caractère de contrats relatifs à des intérêts importants comme les cahiers des charges, un vocabulaire imprécis ; c'est malheureusement ce qui arrive pour tout ce qui a trait aux opérations de trempe, de recuit, de revenu, etc. Les données relatives aux traitements thermiques qui conviennent pour les différentes sortes d'aciers sont d'ailleurs toutes récentes ; elles ne sont pas encore entrées, d'une façon tout à fait générale, dans la pratique courante et ont peut-être encore à recevoir certains perfectionnements ; on sait pourtant, d'une façon certaine, que la vitesse avec laquelle un métal passe d'une température à une autre joue un rôle capital dans la modification de ses propriétés ; on néglige cependant d'une façon complète cette condition capitale, employant seulement les mots de trempe et de recuit sans en définir la signification et complétant encore la confusion par l'introduction de termes vagues et imprécis tels que trempe négative, recuit à la volée, etc. ; il ne faut pas oublier qu'en *trempant* dans l'eau froide un bloc de métal de plusieurs tonnes, on aura un refroidissement infiniment moins rapide qu'en laissant refroidir un fil d'acier à l'air, ou même dans les cendres, et cependant dans ce dernier cas on aura réalisé un recuit.

Le seul moyen de définir nettement un traitement thermique consiste non pas à lui donner un nom, mais à indiquer numériquement la variation de la température en fonction du temps. Et c'est une des questions les plus délicates qui se posent au métallurgiste que de choisir le traitement à appliquer dans chaque cas, en tenant compte de la nature du métal, de la dimension des pièces, et des diverses conditions à réaliser.

En raison même de la complexité de cette question, il paraît utile aux intérêts de tous que les prescriptions y relatives soient réduites à leur plus simple expression et reposent sur des motifs sérieusement discutés.

Nous disons, en second lieu, que la condamnation des prescriptions relatives aux traitements thermiques inscrites dans les cahiers des charges résulte de leur contradiction même ; citons, à ce sujet, quelques textes :

M. Vanderheym, dans le travail que nous avons déjà cité plus haut, dit : « Nous n'admettons pas qu'on donne un supplément de dureté par la trempe à un lot de pièces trop douces, parce que nous craignons, pour l'avoir observée, la tapure de ces pièces ».

D'autre part, nous trouvons dans les travaux de la Commission des méthodes d'essai (t. VI, p. 351) la phrase suivante dans un rapport établi par M. Godron, alors directeur des Constructions navales, chef du Service de la surveillance des travaux confiés à l'industrie :

« Les aciers mi-durs employés à l'état naturel sont très fragiles. Si l'on soumet à des essais de choc deux aciers mi-durs donnant la même résistance à la rupture (par traction), l'un ne devant sa résistance qu'à sa composition et l'autre ayant subi une double trempe, on reconnaît que le premier est très fragile et que *son emploi dans la construction des machines est dangereux*, tandis que le second résiste admirablement au choc. »

Dans le même recueil (t. VI, p. 342), un rapport de MM. Saglio et Godard, directeur et sous-directeur de l'établissement d'Indret, contient la phrase suivante :

« Contrairement à une opinion courante, la trempe diminue considérablement la fragilité et l'on peut dire que les aciers durs ne *doivent pas* être employés à l'état naturel. »

Enfin M. Auscher, ingénieur de la Marine, dit (*Annales des Mines*, novembre 1895) : « Comme conclusion, nous dirons que l'établissement d'Indret emploie aujourd'hui d'une façon exclusive, l'acier trempé pour la construction des machines marines. Les tapures sont faciles à éviter en prenant les précautions nécessaires ; nous ajouterons que lorsqu'elles se produisent, ce qui est tout à fait exceptionnel, elles sont presque toujours l'indice de défauts préexistants, généralement de soufflures, aplaties par le forgeage, et *qui s'ouvrent à la trempe* ».

Ainsi, d'une part on indique qu'il est dangereux d'employer des pièces d'acier non trempées et d'autre part on se refuse à admettre même la possibilité de tremper ; d'une part on proscrit la trempe par crainte de formation de tapures, d'autre part on considère que la trempe en provoquant des tapures qui mettent en évidence les défauts préexistants permet, par cela même, d'éliminer les pièces défectueuses.

Et comment s'expliquer qu'une Compagnie de chemins de fer puisse imposer pour des bandages, par exemple, c'est-à-dire pour des pièces intéressant la sécurité des voyageurs, des conditions de fabrication jugées *dangereuses* par un grand nombre d'ingénieurs incontestablement expérimentés, sans donner à cette opinion de motif assez sérieux pour faire adhérer à sa manière de voir même les autres Compagnies de chemins de fer, qui ont les mêmes exigences à remplir et supportent les mêmes responsabilités.

Ces conditions, relatives aux traitements thermiques, ne doivent donc pas être placées sur le même rang que celles qui ont été examinées précédemment. Tandis que les unes, comme les conditions relatives aux matières premières, sont surtout difficiles à vérifier, que d'autres comme les conditions de chute et de corroyage, paraissent seulement constituer des complications peu utiles, certaines conditions relatives aux traitements thermiques semblent pouvoir jouer un rôle réellement nuisible ; elles doivent donc être examinées d'une façon approfondie.

Ces différentes conditions pourraient, d'ailleurs, sans difficulté sérieuse, être remplacées par des essais de qualité judicieusement choisis.

D'autres conditions de fabrication présentent une utilité incontestable ; ce sont celles qui ont pour but de donner l'assurance que toutes les pièces d'un même lot ou toutes les parties d'une même pièce sont de qualités comparables. On pourrait certainement s'en tenir aux conditions de fabrication de ce genre et chercher dans l'examen minutieux, précis et méthodique des pièces elles-mêmes, les garanties dont on a besoin pour les employer avec sécurité.

III

Les conditions de qualité, qui comprennent aussi bien les essais sur pièces proprement dites (essai de flexion des essieux, essai de choc des bandages, essai de mandrinage par choc des frettes de canons, épreuve de l'escarpolette pour rails, etc.) que les essais sur barreaux ou éprouvettes découpés dans les pièces, donnent lieu à un petit nombre d'observations générales. Si l'on veut supprimer ou au moins restreindre les conditions de fabrication, il faut que les conditions de qualité restent à la disposition entière du rédacteur de cahier des charges, qui doit pouvoir les varier et les multiplier autant qu'il le croira nécessaire pour assurer les garanties utiles. On opérerait ainsi conformément à une division logique du travail, les essais de qualité servant à délimiter la part qui incombe soit au constructeur, soit au métallurgiste. Le constructeur ayant à réaliser certaines conditions, détermine par tous les moyens qu'il peut imaginer et qui varieront aussi bien avec les problèmes à résoudre qu'avec les personnes chargées de les résoudre, toutes les qualités qu'il exige de ses matières premières; le métallurgiste chargé d'élaborer ces matières premières s'efforce de réaliser les qualités requises au moyen de tous les procédés qu'il peut imaginer et dont il dispose, et qui doivent seulement ne pas avoir un caractère illicite.

D'après cette manière de voir, la seule prescription générale que l'on puisse indiquer pour les conditions de qualité, consiste à dire que toutes ces conditions doivent être énoncées avec la plus grande précision dans leurs moindres détails; que la part laissée à l'initiative du contrôleur doit être aussi restreinte que possible, afin qu'il n'y ait pas une facilité plus ou moins grande à faire recevoir des produits par tel ou tel contrôleur.

Les travaux de la commission des méthodes d'essai ont été très utiles à ce point de vue en mettant en lumière les diverses

influences qui interviennent dans les différents modes d'essai.
Ces questions sont actuellement assez connues pour que l'on
puisse préciser les cahiers des charges autant qu'il est désirable ; il suffit de le vouloir, mais il y a pas mal à faire dans
ce sens.

Citons quelques exemples, en laissant de côté bien entendu
les prescriptions essentiellement vagues, dont nous avons déjà
parlé plus haut, comme « le métal sera malléable, ou le métal
sera facile à usiner, etc. » libellés qui n'ont aucune signification
et ne peuvent raisonnablement être employés comme base
d'une transaction sérieuse.

Beaucoup de cahiers des charges spécifient pour certains
métaux une limite élastique déterminée, mais aucun ne donne
une définition précise de cette grandeur et n'indique le moyen
de la mesurer. Nous ne voulons pas discuter ici cette question,
que nous avons déjà soulevée à plusieurs reprises (notamment
dans la *Revue de Mécanique* d'août 1899, pages 149-151), mais
nous nous bornons à signaler cette lacune incontestable qu'il
ne semble pas bien difficile de combler, au point de vue pratique, du moins [1].

Nous trouvons aussi des définitions bien incomplètes toutes
les fois qu'il s'agit d'essayer des barreaux soumis, après découpage, à un traitement thermique déterminé. Cette catégorie
d'essai a une utilité incontestable ; elle permettra dans beaucoup de cas d'éviter des conditions de fabrication, tout en donnant une plus grande sécurité. Supposons, par exemple, qu'on
veuille recevoir des tôles donnant une résistance de 50 kilogrammes par millimètre carré et pouvant être soumise à un
travail de chaudronnerie sans perdre leur résistance. On pourra
spécifier dans le cahier des charges que les tôles seront recuites
avant livraison (condition de fabrication), mais il sera aussi
simple et plus sûr de spécifier que des barreaux prélevés dans
les tôles et essayés les uns à l'état naturel, les autres après
recuit, devront donner la même résistance (condition de qualité) ; seulement il sera nécessaire de préciser en quoi consis-

[1] Voir page 77, la reproduction d'un article « Sur la limite élastique ».

tera le recuit qui sera appliqué aux barreaux et, au lieu d'un simple mot, dire : les barreaux seront chauffés uniformément à telle température et refroidis dans telles conditions ; pour définir les températures, les conditions de couleur (rouge sombre, rouge cerise, etc.) seront généralement insuffisantes, à moins qu'elles ne soient considérées comme de simples indications ; si le contrôleur doit assurer le chauffage à une température déterminée, il est indispensable de recourir à une définition numérique *précise* que les progrès de la pyrométrie industrielle rendent d'ailleurs bien facile[1].

Comme exemple de définitions imprécises couramment employées, citons encore les indications relatives aux barreaux défectueux ou anormaux. Beaucoup de cahiers des charges spécifient que les barreaux défectueux ou cassés d'une façon anormale seront éliminés dans le calcul des moyennes ou remplacés par de nouveaux barreaux. Mais que faut-il entendre par barreau anormal? Tous ceux qui donnent de mauvais résultats peuvent être considérés comme anormaux. Un cas entre autre, est cependant assez net. Il arrive souvent que la rupture d'un barreau de traction se produit non pas dans la région centrale, mais à proximité d'une tête; on obtient alors des allongements notablement inférieurs à ceux que donne le même métal quand la cassure est médiane. On admet généralement que l'essai est défectueux, mais cela n'est jamais régularisé et dépend de la bonne volonté du contrôleur, qui juge dans chaque cas particulier s'il y a lieu ou non d'appliquer cette tolérance. Il paraît possible de préciser ce point et d'éviter ainsi un arbitraire qui ne peut avoir que des inconvénients. Dans le cahier des charges unifié par les compagnies de chemins de fer français pour la réception des bandages, il est prévu un seul barreau de traction pour tout un lot de bandages. Ce barreau doit donner 60 kilogrammes de résistance et 20 p. 100 d'allongement, conditions assez difficiles à réaliser. Si la rupture a lieu près d'une tête, on n'obtient jamais les 20 p. 100 d'allongement. D'après le cahier des charges, il n'y a pas de

---

[1] Voir page 65, la reproduction d'un article « Sur les essais de trempe ».

contre-essai prévu, le lot tout entier doit donc être rebuté pour un incident qui n'a généralement rien à voir avec la qualité du métal. Aussi, admet-on le plus souvent une revision de cet essai, mais il faut une demande spéciale que la Compagnie se réserve le droit d'admettre ou de refuser. Pourquoi cet appel à la complaisance? Si les ingénieurs chargés des réceptions de bandages ont des motifs sérieux pour éliminer un lot, quelle difficulté y a-t-il à ce que ces motifs soient clairement explicités? Et s'il n'y a pas de motifs sérieux, pourquoi un fabricant, qui a produit une série de bandages de bonne qualité et entièrement conformes à un cahier des charges rigoureux, sera-t-il obligé, pour les faire recevoir, de faire appel à la bienveillance d'une administration? Un cahier des charges doit être un contrat bilatéral, comportant des obligations bien définies des deux parties ; il semble donc bien naturel que la rédaction en soit faite en vue d'assurer automatiquement le refus des produits défectueux et l'acceptation des produits normaux, et c'est ce qu'une rédaction précise et bien étudiée semble pouvoir réaliser sans difficultés.

Cette suppression complète dans certains cahiers des charges de toute prescription relative à des possibilités de contre-essai, même dans le cas de difficultés purement accidentelles et manifestement étrangères à la qualité du produit examiné, paraît d'autant plus extraordinaire que dans d'autres cahiers des charges on trouve le même point de vue traité avec le plus grand soin et de façon à prévoir toutes les objections possibles ; on peut citer, comme modèle, à ce sujet, les clauses relatives aux contre-essais possibles insérées par l'artillerie de terre dans le document intitulé Note n° 3 et qui sert de base à la réception des produits d'aciérie par le Service des Forges. Si une administration a jugé nécessaire d'examiner avec autant de détails tous les cas qui peuvent se présenter en matière de résultats contestables et de possibilité de contre-essais, on a le droit de s'étonner que dans des cas pratiquement identiques, d'autres administrations croient devoir écarter systématiquement toute considération de ce genre. D'ailleurs, si l'on étudie soigneusement les cahiers des charges les plus récents des grandes administrations françaises, on constate qu'il y a dans chacun d'eux des parties traitées d'une façon qui ne donne prise à aucune observation et que, en combinant les meilleures parties de chacun d'eux, on arriverait à un cahier des charges qui serait à bien peu de chose près à l'abri de la critique. Cette constatation nous paraît assez rassurante pour l'avenir de la question que nous envisageons ici, l'établissement, pour les diverses administrations et industries, de cahiers des charges non pas uniformes, mais basés sur des considérations générales uniformes.

Nous parlions plus haut du cahier des charges unifié des Compagnies de chemins de fer pour la réception des bandages. Nous voudrions signaler encore un point critiquable de ce document, mais tout en faisant bien remarquer que si nous considérons fréquemment les cahiers des charges unifiés des chemins de fer dans cette discussion, ce n'est nullement pour les donner comme moins parfaits que d'autres, bien au contraire. L'établissement des cahiers des charges unifiés par les grandes compagnies des chemins de fer français a constitué un progrès incontestable dans la question des réceptions de matières et c'est précisément parce que ces documents sont parmi les plus récents et les mieux étudiés qu'il y a intérêt à signaler les quelques critiques auxquelles ils peuvent encore donner prise. Le point que nous voulions signaler est le suivant :

Le barreau de traction, unique, qui sert à la réception est prélevé dans le bandage qui a déjà subi l'essai de choc « dans la partie la moins fatiguée ». Si un essai de traction paraît nécessaire pour apprécier la qualité d'un bandage, il semble rationnel de le prélever dans un bandage intact et de ne pas commencer par soumettre ce bandage à des chocs violents et répétés, jusqu'à produire la rupture. L'inconvénient de cette manière de faire est souligné par les prescriptions minutieuses indiquées par le même cahier des charges et avec juste raison, pour le découpage des barreaux qui doit être effectué entièrement à froid, à la machine-outil, etc.

La même observation s'applique au cahier des charges unifié pour la réception des essieux de chemins de fer.

Comme exemple de la façon dont on peut régulariser et préciser certains essais, citons l'essai de pliage à froid que presque toutes les administrations exigent sur les tôles douces et sur certains profilés. Tout le monde est d'accord que le résultat de cette opération, pratiquée comme on le faisait jusqu'ici, par un ouvrier agissant au marteau, dépendait presque entièrement de l'habileté de l'opérateur et, par suite, cet essai, intéressant en principe, donnait lieu à d'innombrables discussions et perdait presque toute sa valeur. L'artillerie de terre a réussi à le régulariser en prescrivant de procéder par un premier pliage dans une étampe à 60°, produit en un seul coup de presse, suivi d'un deuxième pliage soit à bloc, soit sur une cale, produit également en un seul coup de presse; ce procédé très simple et très difficile à critiquer a été adopté par toutes les compagnies de chemins de fer dans leurs cahiers des charges unifiés; l'essai de pliage y retrouve sa valeur et les contestations deviennent à peu près impossibles. On pourrait agir de même dans bien d'autres cas analogues.

Enfin, il y a lieu d'attirer l'attention sur la nécessité de chiffrer la tolérance sur la précision des mesures qui servent de base à la réception des matières métalliques.

Nous avons vu récemment, par exemple, proposer le rebut d'une fourniture importante pour laquelle il était prescrit que la moyenne des allongements obtenus sur trois barreaux de traction serait de 12, parce que cette moyenne était trouvée égale à 11,95. Or, chacun sait comment on mesure presque toujours les allongements, en rapprochant le mieux possible les fragments de l'éprouvette rompue et plaçant alors sur des trous de pointeaux préalablement marqués sur l'éprouvette les pointes d'un compas que l'on reporte ensuite sur une règle divisée. Il est bien évident que la précision de ce mode de mesure n'approche en aucune façon du 1/100e de millimètre, et qu'il aurait suffi, pour éviter la difficulté rappelée plus haut, d'un peu d'habileté de la part de l'opérateur ou d'un peu de complaisance de la part du contrôleur, deux choses qui ne devraient pas avoir à intervenir dans des essais relatifs à des marchés réguliers. Aussi est-ce avec juste raison que certaines administrations prévoient le cas, et que l'Artillerie navale, par exemple, prescrit d'arrondir, en dessus ou en dessous, le chiffre des décimales directement observé ; il reste évidemment encore quelques cas douteux, mais ils sont infiniment moins fréquents.

L'observation des charges dans les essais de traction, qui sont cependant les plus faciles à définir, donnent lieu à des remarques de même nature ; sans parler des différences de lecture, entre deux observateurs, il peut arriver que l'écart des résultats obtenus avec les résultats demandés soit du même ordre de grandeur que les différences de la graduation de la machine d'essai avec la graduation théorique et l'on est ainsi amené à examiner la question de la vérification des machines et de l'influence que peuvent avoir les déréglages accidentels des machines, sans avoir le droit d'oublier que ces déréglages peuvent être, *exceptionnellement*, voulus.

Dans la séance du 13 juillet 1900, le Congrès des méthodes d'essai a examiné la proposition suivante de M. Schiel, ingénieur du Bureau Véritas : « Il serait à désirer que les machines à essayer les métaux qui se trouvent dans les usines à la disposition des agents de réception soient soumises, comme tous les appareils de poids et mesures, à la vérification et au contrôle des agents de l'État et que les procès-verbaux de cette vérification soient mis à la disposition de toutes les personnes devant se servir de la machine ».

En appuyant cette proposition, M. Henning a ajouté :

« Dans les machines du commerce et des usines, j'ai toujours trouvé des erreurs, quelques-unes allaient à 17 p. 100. M. Martens dit dans son ouvrage sur les essais de matériaux, qu'il avait rencontré beaucoup de machines ayant jusqu'à 15 p. 100 d'erreur.

« J'estime donc qu'il est absolument nécessaire de faire le tarage de toutes les machines d'essai. Il devrait peut-être y avoir une commission d'ingénieurs assermentés qui visiteraient les machines et délivreraient des certificats conformes. La machine serait alors dite juste. »

La proposition de M. Schiel a été combattue principalement par M. Sauvage, qui s'est élevé énergiquement contre la création d'un nouveau contrôle de l'État dont il a fait ressortir les multiples inconvénients. Cet argument, émanant d'un ingénieur en chef du corps des mines, corps de contrôle de l'État par excellence, a eu naturellement une grande portée. En outre, M. Sauvage a fait remarquer que ces vérifications constitueraient, vis-à-vis des métallurgistes, une preuve de méfiance que rien ne justifiait ; la motion de M. Schiel fut repoussée, à l'unanimité.

Mais dans une autre séance du même Congrès, on applaudissait avec la même unanimité un rapport de M. Frémont, qui contenait le passage suivant, qu'il est intéressant de rapprocher des déclarations de M. Sauvage :

« En pratique (dit M. Frémont), l'imprécision de l'essai de traction peut encore être augmentée par l'inexactitude *voulue* des machines ; il est impossible, en effet, de vérifier rapidement et simplement une machine à essayer. Toutes les machines peuvent être *truquées* et celles qui s'y prêtent le mieux sont celles qui ont le plus de chances de vente.

« C'est évidemment là la raison du succès commercial des machines à manomètre. »

L'exagération manifeste de cette assertion en a annulé la portée. Mais entre cette opinion peu flatteuse pour la plupart des métallurgistes, et l'opinion inverse, qui consisterait à admettre que toutes les transactions relatives aux métaux se font, sans aucune exception, de la façon la plus correcte et la plus régulière, il y a place pour de nombreux intermédiaires, parmi lesquels doit se trouver la vérité. Il existe, dans toutes les classes de la société, des gens peu délicats qui ne croient pas commettre une faute bien sérieuse en fraudant l'État ou une grande administration ; il peut donc exister des industriels qui cherchent à faire passer, par des moyens irréguliers, des fournitures ne répondant pas aux conditions des cahiers des charges.

Cette question de la régularité des essais présente, comme il est facile de le concevoir, une importance capitale. Les agents réceptionnaires se préoccupent en général très peu du tarage des machines qu'ils emploient ; mais si, par hasard, en effectuant un tel tarage, ils trouvaient qu'une machine marque 1 kilogramme ou même 2 kilogrammes de trop, il leur serait bien difficile d'incriminer l'industriel qui possède cette machine et de considérer un tel résultat comme voulu. Comme, d'autre part, on hésite rarement à rebuter un produit pour lequel on trouve une résistance trop faible d'un demi-kilogramme, et que dans beaucoup de cas, comme nous l'avons signalé plus haut, il n'est prévu, pour des réceptions importantes, qu'un seul barreau d'essai, sans contre-essai, on voit que l'industriel qui s'attache à avoir une machine d'épreuve rigoureusement exacte se trouve dans des conditions nettement défavorables par rapport à celui qui cherche à se régler à une valeur trop forte, tout en restant dans des limites où on puisse considérer les écarts comme accidentels. Il semble donc bien qu'il y aurait un réel intérêt, au point de vue de la régularité des transactions, à examiner d'une façon approfondie dans les cahiers des charges, la question du tarage, de la graduation des machines d'essai, et de la précision des mesures.

Quant à la fraude proprement dite, c'est une question qu'il faut avoir le courage d'envisager. Il semble difficile de contester qu'elle existe, dans des cas que nous espérons peu nombreux, mais qu'on n'a pas le droit de négliger, car des pratiques irrégulières peuvent avoir les conséquences les plus graves au point de vue tant de la sécurité publique que du développement de l'industrie ; ceux qui seraient tentés de glisser sur cette question gênante doivent se dire qu'ils se feraient, en une certaine mesure, les complices de ceux qu'elle gênerait.

La fraude peut revêtir des formes multiples et contre chacune desquelles il faudrait une arme spéciale. Aussi, nous estimons que le vrai moyen de réagir contre elle consiste à agir sur l'opinion et à faire ressortir combien est anormale l'indulgence, ou plutôt l'indifférence que l'on professe souvent en ces matières ; il faut que les agents de tout ordre qui seraient convaincus d'avoir modifié sciemment et volontairement des résultats d'essais soient considérés, non pas comme des mauvais plaisants, mais comme des gens qui ont commis une action malhonnête, d'ailleurs prévue par la loi.

Enfin, pour éviter les erreurs volontaires, l'un des plus sûrs moyens est de préciser les responsabilités. Il ne nous paraît pas bien difficile de demander aux directeurs d'usine de certifier par écrit, sous leur responsabilité personnelle, la parfaite régularité des essais exécutés dans les ateliers placés sous leur direction et dont ils transmettent les résultats à une administration quelconque ; on demande des certificats dans bien des cas moins importants. Cette simple mesure, qui ne nous semble soulever aucune objection, rendrait la fraude presque impossible et ce résultat serait certes plus important que l'introduction de tel ou tel mode d'essai nouveau dans les cahiers des charges.

IV

En résumé, il semble qu'on pourrait facilement obtenir des progrès très notables en ce qui concerne la réception des matières métalliques rien qu'en procédant à une revision comparative et méthodique des principaux cahiers des charges actuellement en vigueur et en s'astreignant à en préciser et en motiver les différentes clauses. Les améliorations qu'il nous semble intéressant de chercher à introduire le plus tôt possible sont les suivantes :

Suppression de toutes les clauses vagues, ne permettant aucune vérification précise et laissant en réalité place à l'arbitraire.

Réduction aussi grande que possible des conditions de fabrication qui peuvent, le plus souvent, être remplacées par des conditions de qualité.

Définition minutieuse et précise de tous les essais qui doivent servir à vérifier les différentes conditions de qualité. Spécification du nombre des essais, des cas où ils pourront être recommencés.

Établissement d'une corrélation entre la précision des machines d'essai (et sa vérification) et la précision demandée dans les résultats des essais.

Emploi de prescriptions combattant la fraude dans toutes ses manifestations.

LA RETASSURE DES LINGOTS D'ACIER

Article publié dans le *Génie civil* du 3 juillet 1915.

Tout le monde sait que le retrait qui se produit au cours de la solidification de l'acier détermine dans les lingots de ce métal des cavités appelées « poches de retassement » ou « retassures »; de nombreux procédés ont été préconisés pour diminuer ou même annuler ces retassures et éviter la perte de métal qui en résulte. L'emploi de ces procédés, dont beaucoup présentent un réel intérêt, ne s'est cependant pas encore généralisé, d'abord parce que leur application donne lieu à des difficultés d'ordre pratique ou d'ordre économique, mais aussi parce qu'on n'a pas toujours attaché à la solution courante de ce problème toute l'importance qu'elle possède en réalité. Il ne faut pas oublier, en effet, que les défauts locaux, solutions de continuité ou inclusions, qui peuvent subsister à l'intérieur d'une pièce d'acier, constituent une des causes les plus fréquentes de ruptures inopinées et sont d'autant plus dangereuses qu'elles sont mieux dissimulées par le travail postérieur à la coulée; l'élimination incomplète de la retassure est l'une des causes principales auxquelles il faut rapporter la production de défauts locaux; mais si, pour employer une image déjà souvent utilisée, cette *maladie* est une des plus graves qui soient à considérer pour l'acier, on peut affirmer que c'est une *maladie évitable*, si l'on prend soin de déterminer, par une étude préalable, la portion de chaque type de lingot qu'il faut supprimer pour faire disparaître toute trace de retassure, que celle-ci ait été ou non réduite par un procédé spécial. A l'époque actuelle, où le rayon des fabrications métallurgiques spéciales a dû être brusquement étendu d'une façon considérable, il peut y avoir intérêt à rassembler quelques idées générales à ce sujet, au risque d'énoncer des vérités qui paraîtront banales aux personnes averties.

Le mécanisme de la formation de la poche de retassement, par suite de la diminution de volume que subit l'acier en passant de l'état liquide à l'état solide, est bien facile à comprendre et permet de se rendre compte immédiatement de l'influence considérable que présente la forme de la lingotière, ainsi que des moyens qui permettent de réduire ou de déplacer la retassure ; parmi ces moyens, les uns, qu'on peut appeler mécaniques, et dont le procédé de compression de l'acier à l'état liquide par tréfilage de M. Harmet est le type le plus parfait, consistent à comprimer extérieurement le lingot pendant toute la durée de la solidification, de façon à produire à chaque instant une déformation compensant exactement le retrait du métal et à supprimer ainsi toute poche de retassement ; les autres, qu'on peut appeler les procédés thermiques, consistent à modifier inégalement la vitesse de refroidissement des différentes parties du lingot, de façon à déformer les lignes isothermes de la masse métallique en cours de solidification, lignes dont la forme détermine celle de la poche de retassement. On conçoit qu'en répartissant convenablement les flux de chaleur à travers les différentes portions de la surface libre du lingot, on puisse amener les surfaces isothermes à coïncider sensiblement avec des plans horizontaux ; dans ces conditions, la solidification se ferait par couches horizontales, et la retassure ne correspondrait plus qu'à une dépression de la surface du lingot.

Pratiquement, on se contente le plus souvent de chercher à ramener la poche de retassement à la partie supérieure du lingot, en ralentissant le refroidissement de cette région ; pour cela, on surmonte la lingotière d'une *masselotte* en matières réfractaires non conductrices, ou encore on chauffe la partie supérieure du lingot, soit avec un chalumeau à gaz, soit avec un appareil électrique, soit, comme l'a proposé récemment Sir R.-A. Hadfield, avec du charbon de bois ou du coke.

Il n'est pas besoin d'insister sur le détail de ces divers procédés pour comprendre que la forme et les dimensions de la poche de retassement sont extrêmement variables avec les con-

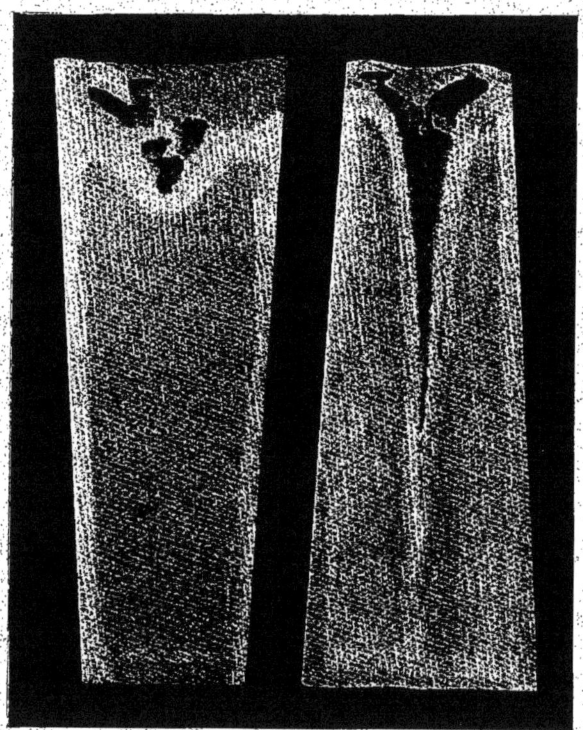

Fig. 1 et 2. — Coupe de deux lingots, montrant l'influence de la forme de la lingotière sur la retassure.

ditions de préparation du lingot. Il n'est donc pas possible d'énoncer une règle uniforme, prescrivant l'importance de la chute à faire sur les lingots, et qui élimine sûrement les traces de retassure dans tous les cas possibles et pratiquement réalisés ; il est indispensable, si l'on veut arriver à ce résultat, de déterminer, par une étude préliminaire pour chaque type de lingot et chaque procédé de coulée, la disposition de la région qui est occupée par la poche de retassement, dans les conditions normales, ainsi que les modifications produites dans cette disposition par les incidents de coulée inévitables dans la pratique courante, et de déduire de cette étude l'importance et l'emplacement de la chute qu'il convient de faire dans chaque cas particulier.

Quelques exemples illustreront utilement cet énoncé. Les figures 1 et 2 reproduisent un exemple d'un cas particulière-

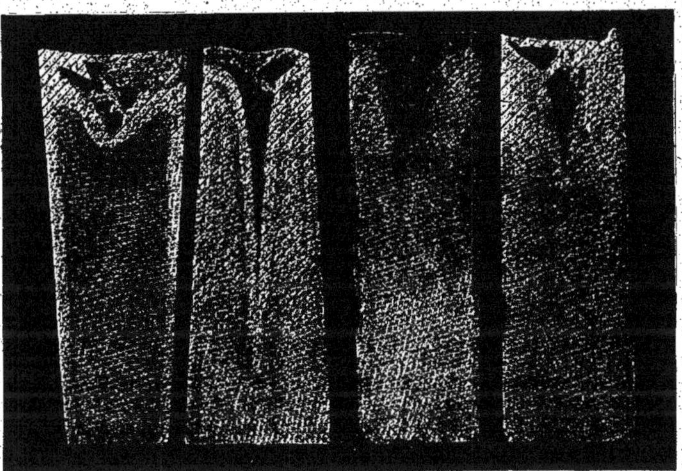

Fig. 3 à 6. — Coupes de lingots montrant l'influence de la lingotière et de l'inclinaison de ses parois.

ment simple et bien connu des métallurgistes. Deux lingots du même métal ont été coulés simultanément dans deux lingotières de forme identique, mais disposées symétriquement par rapport à un axe horizontal. C'est ce que l'on appelle la coulée en lingotière à cône renversé (fig. 1) ou à cône droit (fig. 2). Le simple changement de forme suffit pour étaler sur les trois quarts de la hauteur du deuxième lingot la poche de retassement, qui n'occupait même pas le quart de la hauteur du premier. Cet exemple fait bien ressortir l'inefficacité des prescriptions ordinairement inscrites dans les cahiers des charges et qui imposent une chute de 25 à 30 p. 100 à la partie supérieure du lingot, sans tenir compte de sa forme.

L'influence de cette forme a été volontairement exagérée dans l'exemple des figures 1 et 2; dans ces conditions, la défectuosité ne risque pas de passer inaperçue; mais dans les cas pratiques analogues, le même défaut, moins accentué, n'en sera que plus dangereux parce que moins visible. Au lieu de la retassure continue et profonde du lingot B, on aura des retassures discontinues, dites en chapelet, et dont les parties extrêmes risqueront de passer inaperçues[1].

Dans les figures 3 à 6, où l'on a réuni des coupes de lingots, soit à cône droit, soit à cône renversé, mais de pentes différentes, on voit se produire ces retassures en chapelet sur la figure 6. Sur ce lingot, un examen un peu rapide aurait pu conduire à considérer la partie saine du lingot comme s'étendant jusqu'en mn, tandis qu'après étude attentive on est conduit à limiter la partie saine à la région non couverte de hachures et limitée en pq. Les traces de retassure qui existent dans la région $mnpq$, déjà peu visibles sur le lingot, seraient très difficiles à déceler sur le métal forgé; elles n'en seraient pas moins exis-

[1] Dans l'étude de ces questions, il importe de tenir grand compte de certains détails opératoires. Une section longitudinale d'un lingot peut très bien passer à côté de traces légères de retassure sans les déceler; celles-ci ne sont d'ailleurs pas toujours placées exactement suivant l'axe et peuvent être déplacées latéralement par diverses circonstances de la coulée. Il importe donc, pour une recherche approfondie, de multiplier les sections et de combiner les coupes transversales avec les coupes longitudinales. Dans les études poursuivies depuis de longues années sur ce sujet aux usines Saint-Jacques de Montluçon, nous avons adopté la technique suivante: le lingot à examiner est scié longitudinalement suivant un plan distant de 15 à 20 millimètres de l'axe; la surface plane ainsi mise à nu est ensuite rabotée par couches successives, de façon à examiner toute une série de plans parallèles à la section primitive. Les sections qui paraissent particulièrement intéressantes au cours de ce travail sont polies, attaquées à l'acide étendu, et photographiées.

AB, section primitive obtenue par sciage;
a, b, a_n, b_n, sections successives obtenues par rabotage.

Pour pouvoir verser l'acide sur le lingot lui-même sans le déplacer, au lieu de l'immerger dans une cuve, on dispose sur le pourtour des rebords en cire molle: c'est là l'origine de traces blanches que l'on voit sur le contour extérieur de quelques-uns des lingots dont les photographies sont reproduites dans cet article.

tantes et dangereuses, car on ne peut admettre, sauf dans certains aciers extra-doux, que les opérations de forgeage fassent disparaître, en les soudant, les solutions de continuité existantes dans le lingot.

La masselotte en terre réfractaire, qui est le procédé le plus

Fig. 7 à 9. — Coupes de lingots où la retassure a été localisée par chauffage de la tête.

employé pour localiser la retassure à la partie supérieure des lingots, constitue un moyen d'action des plus puissants ; les figures 7 à 9 reproduisent des coupes de lingots dans lesquels la localisation a été parfaite. Il faut cependant que certaines règles de dimensions soient observées si l'on veut obtenir un résultat sûr : la figure 10 reproduit une coupe de lingot dans lequel la masselotte supérieure a été impuissante à neutraliser complètement l'influence de la forme à cône droit et dans lequel des traces de retassure se trouvent réparties sur la majeure partie de la hauteur du lingot.

Cet article n'ayant nullement pour but de décrire les divers modes d'action sur la poche de

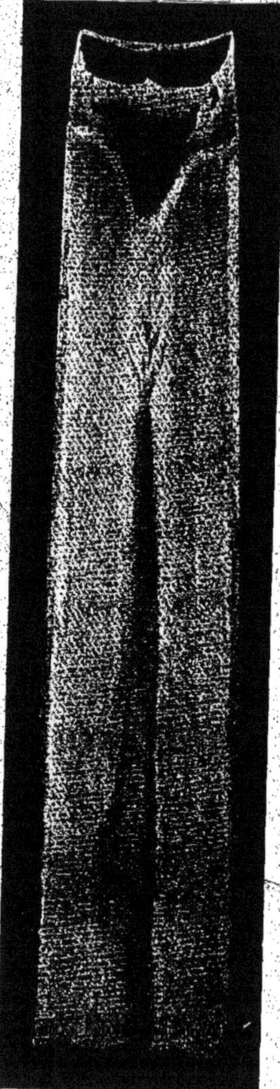

Fig. 10. — Coupe d'un lingot pour lequel le réchauffage de la tête a été inefficace.

Fig. 11. — Coupe d'un lingot obtenu par le procédé Harmet, avec compression insuffisante.

retassement, nous ne ferons que citer les procédés très intéressants et très efficaces de chauffage de la tête des lingots, qui ont fait l'objet de nombreuses publications. Pour bien faire ressortir la variabilité des résultats obtenus par divers moyens et la nécessité de leur opposer une défense spéciale dans chaque cas, nous citerons encore un exemple pris dans les lingots comprimés à l'état liquide. Dans un lingot obtenu par le procédé Harmet, tout effet de retassement a été généralement complètement éliminé et il est inutile d'imposer la moindre chute à un lingot de ce genre. Pour déterminer la condition de sécurité à adopter, cherchons ce qui se produit si la compression est insuffisante ; nous obtenons alors des lingots tels que celui représenté sur la figure 11, dans lequel l'effet a été volontairement exagéré, mais qui montre clairement que, pour parer à une insuffisance possible de la compression, il est complètement inutile de maintenir une chute de tête de 8 à 10 p. 100, et qu'il est fort utile, au contraire, de procéder à une exploration par une section perpendiculaire à l'axe en son milieu.

Pour déterminer quelles sont les parties d'un lingot que l'on peut, sans crainte, utiliser pour la confection d'une pièce métallique déterminée, il paraît donc logique de reporter sur une figure représentant, d'après des expériences préalables, la section probable du lingot, la section de la pièce ou plus exactement du fragment qui, après forgeage, donnera la pièce demandée[1]. On voit immédiatement ainsi, par exemple, que pour préparer des tubes ou éléments creux de canons, les lingots comprimés peuvent être employés sans chute, la défectuosité qui peut être redoutée disparaissant dans la partie enlevée par forage. Comme autre exemple de déduction analogue, on peut citer la décision prise il y a quelques années par l'artillerie navale qui, pour la préparation des bouchons de culot d'obus de rupture, a prescrit de refendre les lingots en quatre par deux plans diamétraux perpendiculaires et de laminer en barres les fragments obtenus ; les bouchons de culot ainsi préparés occupent dans le lingot la position indiquée par les figures 12 et 13,

---

[1] Il est facile de voir que ces considérations, développées à propos de la retassure, s'appliquent aussi aux autres défectuosités locales.

et il paraît certain qu'on ne peut y rencontrer de traces de retassure suivant l'axe.

Cette solution radicale n'est peut-être pas la moins onéreuse possible ; mais la dépense ainsi engagée pour arriver rapidement et d'une façon certaine à un résultat incontestable aura été largement couverte si elle a évité l'éclatement d'un seul canon de gros calibre.

Dans le même ordre d'idées, on peut citer un cas où l'introduction d'un procédé nouveau nécessite des précautions spéciales ; c'est celui de la fabrication des tubes obtenus par

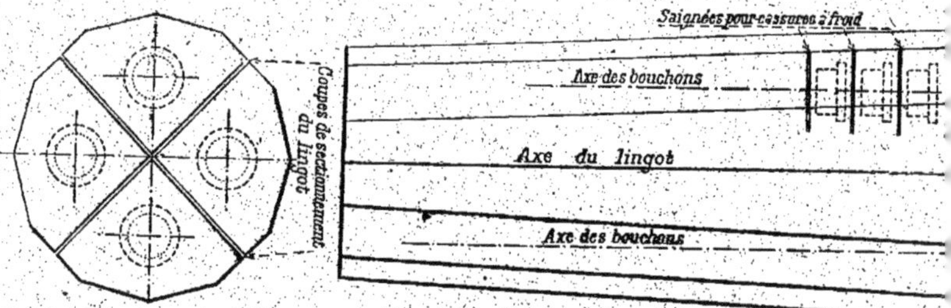

Fig. 12 et 13. — Découpage d'un lingot pour la fabrication des bouchons d'obus.

emboutissage, tels que les récipients pour gaz comprimés. On fabriquait, il y a quelques années, les produits de ce genre en emboutissant à la presse des disques découpés dans des tôles directement obtenues par laminage d'un lingot. Dans ces conditions, la partie axiale des lingots, dans laquelle on peut craindre l'influence de la retassure, n'apparaissait nulle part à la surface de l'embouti ; l'influence possible d'une solution de continuité était donc très atténuée. Ce procédé, qui comportait des déchets de métal assez élevés, par suite du découpage des disques, a été presque complètement abandonné depuis quelque temps ; on perce actuellement suivant leur axe des barres laminées et l'on étire ensuite le corps creux ainsi obtenu ; dans ces conditions, le fond de l'embouti est constitué par une section transversale du lingot et son centre renferme la partie axiale susceptible de présenter des traces de retassure. Cette difficulté n'a rien d'insurmontable, comme le montrent les excellents résultats obtenus dans cette fabrication par différentes usines qui ont su en étudier tous les détails et prélever leurs barres dans des lingots convenablement étudiés ; appliqué un peu hâtivement, en partant de lingots quelconques et sans un examen dirigé comme celui que nous avons indiqué plus haut, il pourrait donner lieu à des déboires.

Il semble inutile de chercher à multiplier les exemples pour justifier la conclusion à laquelle nous voulions arriver, et qui est la suivante :

Les effets de la retassure des lingots d'acier, qu'il est indispensable d'éviter dans les pièces forgées devant présenter une réelle sécurité, ne peuvent être éliminés par l'application d'une prescription unique indiquant la quantité de métal à supprimer dans la partie haute du lingot. La grandeur et la position de la *chute* de métal à effectuer, ainsi que l'emplacement de la section à explorer pour vérification, doivent être fixés spécialement pour chaque type de lingot, en tenant compte de sa forme de ses dimensions, ainsi que des particularités du mode de coulée.

MARTELAGE, FORGEAGE, LAMINAGE

On confond souvent, dans le langage courant, sous le nom d'*acier forgé*, le métal qui a subi une modification de forme à haute température au moyen soit du marteau-pilon, soit de la presse, soit des divers types de laminoirs ; mais cela n'implique pas que l'on considère ces différents outils comme réellement équivalents ; de longues discussions sur l'efficacité relative de ces engins de transformation ont agité à diverses reprises le monde des métallurgistes ; mais chaque fois l'affaire a été retirée du rôle et classée sans avoir fait l'objet de conclusions bien nettes et bien précises ; cela tient probablement, au moins en partie, à ce que, autrefois, le traitement thermique et le forgeage étaient souvent confondus tant dans leur application que dans leurs effets. Maintenant que les traitements thermiques ont fait l'objet d'études approfondies, qu'on les applique systématiquement au moyen d'appareils précis et perfectionnés, et qu'on sait évaluer exactement leur influence, il serait plus facile de la séparer de celle du forgeage et de se faire une opinion sur l'importance pratique des détails d'exécution de cette dernière opération. Il y a d'ailleurs un intérêt sérieux à faire l'examen de cette question, non pas certes pour prétendre l'expliquer aux forgerons, qui doivent la connaître mieux que personne, mais parce qu'elle joue un rôle relativement important dans la rédaction de certains cahiers des charges et que ce sont ces documents qui règlent, en somme, la marche de la métallurgie. Il y est souvent indiqué que certains produits métallurgiques doivent être obtenus au moyen du marteau-pilon, à l'exclusion de la presse ou du laminoir et inversement ;

de plus, il est très fréquemment spécifié que les lingots employés
à la confection de pièces de forge doivent subir une réduction
de section au moins égale à une certaine valeur, ou, comme
l'on dit d'ordinaire, que le *coefficient de corroyage* doit être
supérieur à un chiffre donné.

Ces prescriptions sont-elles bien solidement motivées ? Repo-
sent-elles sur des observations incontestables ? Il est très important de le savoir. Il est, en effet, facile de comprendre qu'elles
ne sont pas sans effet sur le prix de revient et sur la production qu'on peut réaliser dans la préparation de certains produits.
L'obligation de respecter un coefficient de corroyage déterminé
conduit à employer des lingots de grandes dimensions que l'on
ramène ensuite au tracé cherché non sans dépense considérable
de puissance mécanique, de charbon, de main-d'œuvre et de
temps. La proscription du laminoir, à l'action intense et rapide,
impose l'emploi de pilons dix ou quinze fois moins productifs
et exigeant des ouvriers particulièrement habiles et robustes.
De telles indications, si elles n'étaient pas réellement nécessaires, conduiraient à un gaspillage toujours regrettable, mais
particulièrement néfaste en temps de guerre. Il y a donc un
réel intérêt à les soumettre à un examen impartial, mais critique.

Dans une note présentée au Congrès de l'Association internationale des méthodes d'essai de Budapest en 1901, et que
nous avons déjà eu l'occasion de citer parce qu'elle a au moins
le mérite d'exposer avec clarté et franchise une manière de
voir qui est souvent appliquée avec plus de dissimulation,
M. Vanderheym, ingénieur chargé des réceptions au chemin
de fer P.-L.-M., après avoir déclaré nettement qu'il « lui paraît
indispensable que l'ingénieur de chemin de fer se préoccupe
des procédés de fabrication des produits qu'il emploie » écrit,
au sujet des procédés de forgeage, la simple phrase suivante :

« Enfin, nous jugeons utile de prescrire les procédés de forgeage, estimant qu'il n'est pas indifférent, suivant la nature des
pièces, d'employer le laminoir, le pilon ou la presse. »

Les raisons données, qui ne sont complétées en aucun autre
point de la note, paraîtront peut-être un peu maigres. On n'en

trouve cependant pas d'autres dans les divers cahiers des charges qui prescrivent des modes particuliers de forgeage et qui, d'une façon générale, paraissent considérer le manteau-pilon comme donnant les meilleurs résultats et le laminoir comme devant être réservé aux produits communs. Plusieurs, en effet, éliminent nettement le laminoir[1] et admettent la presse comme moyen d'ébauchage, à condition que le dernier forgeage soit effectué au pilon. Les motifs qui ont conduit à cette classification n'étant aucunement indiqués par ceux qui l'emploient, on pourrait espérer les trouver explicités dans les traités et mémoires de métallurgie. Nous y trouvons, au contraire, l'opinion inverse, exprimée d'une façon sensiblement unanime.

Voici, par exemple, comment s'exprime, dans une note insérée dans la traduction française du Manuel de Métallurgie du fer, de Ledebur, le métallurgiste bien connu F. Valton.

« La comparaison entre le forgeage au pilon et le forgeage à la presse a été faite à plusieurs reprises et semble toute à l'avantage de cette dernière. »

Et plus loin :

« Dans tous les cas, la cassure d'un bloc forgé au pilon révèle toujours une différence de grain entre l'intérieur et l'extérieur, différence qu'on ne retrouve pas dans ceux qui ont été forgés à la presse. »

M. L. Gages, ancien professeur de métallurgie à l'École de Fontainebleau, actuellement général d'artillerie et directeur de la fonderie de canons de Bourges, écrit ce qui suit, dans son *Traité de Métallurgie* :

« Il semble donc résulter de tout ce qui précède que c'est surtout la question d'économie qui milite le plus en faveur de la presse, car elle réduit le nombre des chaudes et la durée du travail ; quant à la qualité du forgeage, elle paraît être légèrement supérieure avec la presse, à moins que l'on use des artifices qui permettent avec le pilon de forger complètement à cœur, comme il arrive en pratiquant le bigornage, le forgeage sur mandrin, etc... »

---

[1] La plupart des Compagnies de Chemins de fer interdisent le laminage des essieux.

Même note dans les traités de Codron, de Chomienne, de Harbord, etc., il serait fastidieux de tout citer ; nous rapporterons seulement encore la phrase suivante, extraite de *La Métallurgie de l'acier*, du professeur H. M. Howe.

« En fait, il est fort peu probable que le martelage soit, dans son essence, d'une nature différente de celle du laminage, ce qui est facilement compréhensible si l'effet de l'un comme celui de l'autre est d'éviter ou de détruire la cristallisation ; leur efficacité à cet égard dépend, en grande partie, de la température finale ; et le martelage, comme le laminage, peut finir la pièce à la température la plus convenable. »

Citons enfin le capitaine Duguet, le savant officier qui, pendant de longues années, suivit et réglementa les essais des métaux employés à la fabrication des canons et pièces d'artillerie à Bourges, et qui écrit :

« Il nous reste à signaler une erreur grossière et cependant assez répandue. Voici en quoi elle consiste : certains métallurgistes prétendent que l'effet du laminoir est purement superficiel, tandis que celui du pilon intéresse les couches les plus profondes. On se demande quel crédit on peut accorder à une telle opinion ; nous l'avons pourtant entendu soutenir plus d'une fois et par des gens qui passent pour fort compétents en la matière. Il est vrai qu'ils se contentent d'affirmer magistralement sans appuyer leur dire d'aucune considération positive[1]. Un prisme compris entre deux sections droites primitives est transformé par le laminage en un autre prisme et il faut bien que les allongements et par suite les contractions soient aussi considérables au centre qu'à la périphérie (ce qui ne veut pas dire que le développement des forces élastiques soit le même en tous les points). C'est dans le martelage que les effets sont superficiels, lorsque le marteau est trop petit relativement à la pièce de forge, et qu'on cherche à remplacer la masse par la vitesse. On le voit

---

[1] Il semble que le capitaine Duguet ait connu les rédacteurs des cahiers des charges auxquels nous avons fait allusion. Il faut cependant signaler que son livre a été écrit en 1885, quinze ans avant la note de M. Vanderheym, que nous avons cité plus haut.

C. Duguet. Déformations des corps solides. 2ᵉ partie. Berger-Levrault, 1885, p. 275.

bien à l'extrémité, dont le *cœur* rentre au lieu de faire un ventre comme il arrive dans les compressions statiques et aussi sous le choc des marteaux suffisamment lourds. »

Des considérations d'un tout autre ordre, également envisagées par Duguet, nous paraissent conduire à admettre une certaine supériorité du laminage sur le forgeage. Dans cette dernière opération, les déformations, même avec les appareils très puissants, sont essentiellement locales. Les compressions partielles successives qui permettent d'obtenir sous la presse ou le pilon l'étirage d'un bloc de métal, font décrire, à un point quelconque du lingot, un chemin très compliqué, dans lequel il s'approche et s'écarte alternativement de l'axe ; le déplacement relatif de deux points voisins est encore beaucoup plus irrégulier. Il suffit de regarder forger un lingot, au pilon ou à la presse, en portant son attention sur ce qui précède pour se rendre compte de l'importance considérable des déformations locales ; il est plus difficile d'en donner un relevé graphique. C'est ce que nous avons cependant essayé de faire, dans une expérience, suivie avec grand soin par M. Maître, ingénieur des pilons et laminoirs aux usines Saint-Jacques de Montluçon, et dont les principaux résultats sont indiqués dans les figures 14

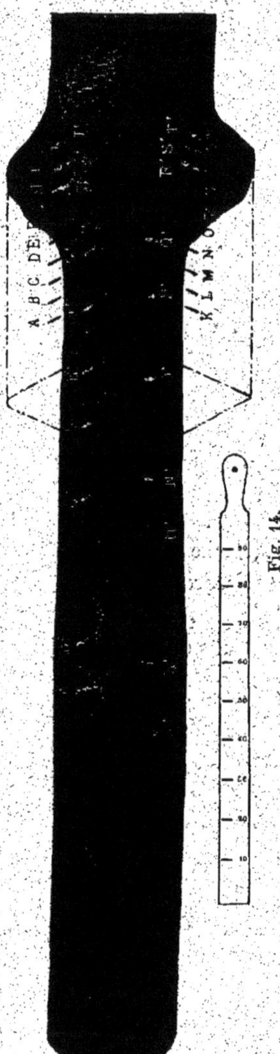

Fig. 14.

et 15. Un bloom carré de 550 $\times$ 550, sur deux faces duquel on avait marqué, par burinage, 10 repères sensiblement équi-

distants, a été étiré par forgeage à la presse et amené à
une section de 250 × 250. Le
forgeage a comporté
6 passes de compres-
sion sur toute la lon-
gueur de la partie
forgée, en faisant
tourner le bloom de
90° pour les passes
paires, ainsi qu'on
le fait d'habitude. On
a donné ensuite une
7° et une 8° passes
simplement pour le planage
des faces. La photographie de
la figure 14 reproduit le bloom
forgé; on y a reporté le tracé
de la forme initiale et l'on
voit immédiatement ainsi, par
le déplacement des repères,
que les déformations sont très
inégales d'un point à l'autre
et d'une face à l'autre. Ces iné-
galités sont dues principalement à ce que le déplacement
relatif de deux points varie
beaucoup suivant que ces points
sont touchés simultanément ou
successivement par l'étampe;
donc, même dans une opération aussi simple que l'étirage,
le corroyage varie considérablement d'une région à l'autre
du métal; c'est un point sur
lequel nous reviendrons tout
à l'heure. Pour serrer d'un

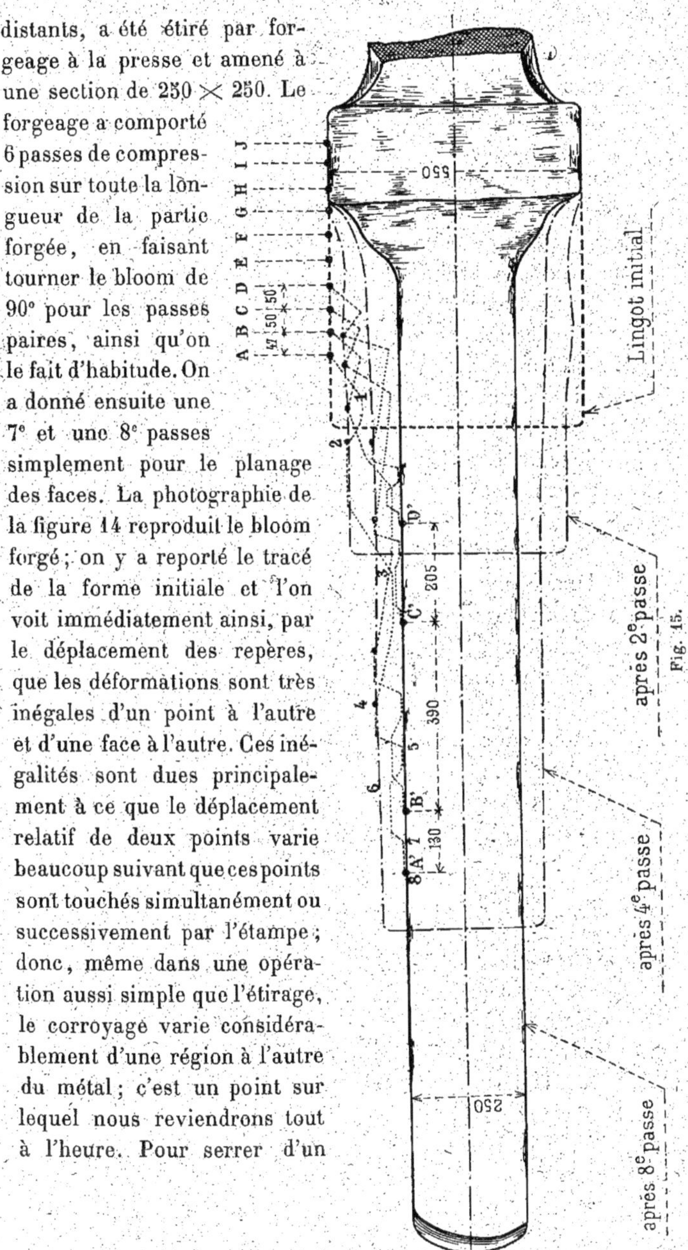

peu plus près le phénomène, on a relevé soigneusement, après chaque passe, les positions successives de quatre des repères marqués sur l'une des faces. Les résultats de ces mesures ont permis d'établir le tracé de la figure 15, dans lequel des lignes sinueuses indiquent approximativement les chemins suivis par les points A, B, C, D, pour passer de leur position initiale à la position finale A', B', C', D'; pour avoir une représentation complète de ces déplacements, il faudrait une deuxième projection; mais tel quel, le tracé suffit pour montrer nettement que la distance de deux points n'augmente pas régulièrement, mais subit des accroissements et des diminutions successives ; le même phénomène se produit en tous les points du métal, et pour certains, il est encore beaucoup plus accentué que celui qui a été relevé et reproduit ici. Le métal subit donc localement une série de dilatations et de compressions, ou une série de flexions alternées qui reproduisent le mécanisme employé d'ordinaire pour produire la rupture d'un corps tenace, par exemple, pour briser un fil de fer. Un métal quelconque, soumis à un tel traitement, serait rapidement mis en miettes ; l'acier, type des métaux forgeables, peut le subir sans trop de dommages, pourvu qu'il soit maintenu à une température convenable ; mais dès que la température s'abaisse, il est gravement détérioré et même dans les conditions les plus favorables, on est toujours exposé à voir s'aggraver un minime défaut local ou même se créer de petites fissures internes dans les régions les plus déformées. Il est donc recommandable, d'une part, d'aller le plus vite possible, pour éviter le refroidissement du lingot et, pour cela, la presse paraît supérieure au pilon, et, d'autre part, de réduire et de régulariser autant que possible les déformations locales, ce qui est infiniment plus facile dans le laminage que dans le forgeage.

Au cours de ces déformations, une ligne parallèle à l'axe et placée à l'intérieur du lingot ne reste pas droite et présente successivement en ses différents points des sinuosités très accentuées. Le forgeage rectifie bien finalement les génératrices extérieures, mais il n'en est pas de même des lignes intérieures, qui restent souvent fortement ondulées. Il en

résulte que les parties centrales du lingot, de qualité très inférieure aux parties externes, se trouvent rapprochées de la
surface en certaines régions, et interviennent par suite d'une
façon plus importante que si le lingot avait été déformé régulièrement. Dans les corps creux obtenus par forage, par
exemple, on arrive ainsi à conserver, en certains points, des
parties de métal provenant de ré-
gions du lingot que l'on pourrait
croire éliminées par le forage. La
figure 16 reproduit la coupe d'un
canon de fusil obtenu par forgeage, sur lequel on observe très
nettement ces sinuosités. Inutile
d'insister pour faire comprendre
que le laminage évite totalement
ces déformations irrégulières et

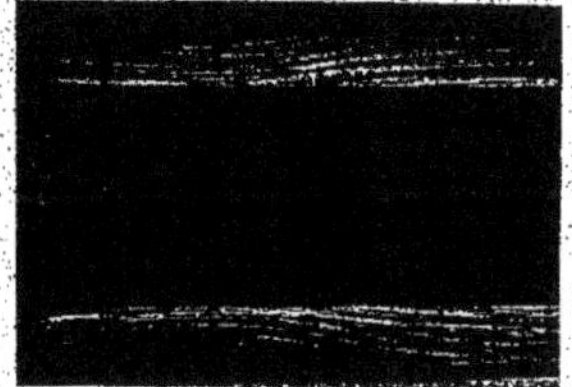

Fig. 16.

présente de ce fait un avantage sur le forgeage au pilon ou
à la presse, au moins pour certaines applications spéciales.

Il semble donc résulter de ce qui précède que, au point de
vue de la qualité des produits métallurgiques et toutes choses
égales d'ailleurs, le laminage, lorsqu'il est applicable, doit être
préféré au forgeage et que, pour ce dernier procédé, la presse
doit être préférée au pilon.

En fait, lorsque les opérations sont conduites correctement,
à des températures normales, et qu'après le forgeage ou le
laminage il est effectué un traitement thermique convenable,
les différences entre les résultats fournis par les essais mécaniques usuels de traction et de choc effectués sur des produits
obtenus en partant de lingots identiques déformés soit par
forgeage, soit par laminage, restent très faibles. Le tableau
suivant résume une expérience faite à ce sujet et vérifie cette
dernière conclusion. Il contient les résultats d'essais de traction
et de choc en long et en travers, faits sur des barres rondes de
175 millimètres de diamètre, en acier demi-dur, obtenues en
partant de lingots de 1.100 kilogrammes, de 300 × 300 millimètres de section environ, les uns par forgeage, les autres

| | | ESSAIS DE TRACTION sur barreaux de 13mm,8 de diamètre et de 50 mm. entre repères, prélevés : | | | | | | | | | | ESSAIS DE CHOC sur barreaux de 24 × 9 mm. de section et dont la longueur de 60 mm. est perpendiculaire au sens de l'étirage. (Les chocs sont produits par la chute libre d'un mouton de 10 kg., tombant de 0m,50)[1]. | |
| | | dans le sens de l'étirage. | | | | | perpendiculairement au sens de l'étirage. | | | | | | |
		E	R	a	$d - d'$	Cassures.	E	R	a	$d - d'$	Cassures.	Nombre de chocs supportés sans rupture.	Angle de ployage.
Rond forgé.	1re série d'essais.	51,5	69,4	25	5,3	B	51,5	67,4	20	3,8	A	26	76°
							52,8	68,1	20	3,9	B	26	71°
	2e — —	54,8	72,0	26	5,7	B	55,5	70,7	16	2,1	B	26	75°
							54,8	70,1	18	4,1	B	26	77°
Rond forgé.	1re — —	53,5	71,3	25	5,2	B	52,1	68,1	19	3,1	B	26	74°
							52,1	68,1	20	3,8	B	26	70°
	2e — —	55,5	72,7	26	5,6	B	54,2	70,1	20	3,9	B	26	72°
							55,5	70,1	20	4,3	B	26	75°
Rond laminé.	1re — —	52,8	71,3	26	5,1	B	53,5	70,1	20	3,7	B	26	74°
							50,8	68,7	20	3,5	B	26	76°
	2e — —	56,1	73,4	24	5,2	B	56,1	71,3	20	3,7	B	26	77°
							55,5	70,7	19	3,6	B	25	82°
Rond laminé.	1re — —	54,2	72,3	26	5,1	B	52,8	68,7	20	4,4	B	26	73°
							54,8	70,1	20	3,5	B	26	73°
	2e — —	58,1	75,0	25	4,3	B	57,5	72,0	19	3,4	B	26	90°
							58,1	73,4	17	2,8	B	26	83°

[1] A titre de comparaison : Les essais de réception des canons, qui comportent des épreuves de choc faites dans les mêmes conditions, sont déclarés satisfaisants lorsque chaque barreau a supporté 12 coups sans rupture.

par laminage. Après trempe et recuit, on découpait aux deux extrémités des barreaux, qui ont donné dans tous les cas des résultats pratiquement identiques.

Examinons maintenant la question du corroyage ; aucun des traités de métallurgie que nous avons pu consulter ne contient le mot de coefficient de corroyage, qui joue un si grand rôle dans certains cahiers des charges, et presque tous sont muets sur l'influence que peut avoir sur les qualités de l'acier un étirage plus ou moins accentué. Dans la métallurgie de l'acier, de Howe, cependant, nous trouvons le passage suivant, qui nous paraît placer la question sur son vrai terrain en faisant remonter l'origine de l'idée relative à l'influence du *corroyage* au travail du fer, cette idée ayant subi une extension ultérieure et probablement abusive au cas de l'acier.

Howe écrit ce qui suit : « *Influence de la quantité de travail.* — Le fer forgé se composant primitivement de particules à peine adhérentes entre elles, ou, après la mise en paquets, ne comprenant plus que des barres complètement indépendantes, il est évident que le travail qu'on lui fait subir doit lui donner plus de résistance et de souplesse. Cette proposition, évidente pour le fer, a donné naissance à la conviction que le métal fondu devait être amélioré d'une façon analogue. Nous allons donc chercher l'amélioration réelle produite par le travail mécanique, puis sa théorie ».

Suit une longue discussion qui, il faut le reconnaître, n'apporte aucune démonstration catégorique, et après laquelle Howe conclut :

« De toutes ces preuves cumulatives, il ressort une présomption en faveur de la non-existence de « l'influence spéciale » du pétrissage et de la pression comme tels, ou au moins de son peu d'importance relative. Le travail à chaud agirait donc surtout de la même manière que le traitement calorifique, en empêchant la cristallisation d'avoir lieu ou en la faisant disparaître. »

On trouve des considérations un peu plus précises dans Duguet, auquel il faut toujours en revenir dans ces matières parce qu'au lieu de compiler des observations douteuses et des racontars d'atelier, il a cherché à se faire une opinion en observant et en réfléchissant. De plus, en raison des fonctions mêmes qu'il a occupées, il ne peut être soupçonné de chercher à éliminer les difficultés pour faciliter la tâche du fabricant. Tout ce qu'il a écrit sur ce qu'il appelle la métallurgie physique, quoique remontant à une époque déjà ancienne, où l'on ne pratiquait pas encore les traitements thermiques méthodiquement appliqués, mérite toujours néanmoins d'être lu et médité. Nous en citerons quelques fragments, qui se rapportent plus directement au point que nous examinons en ce moment :

« Au risque de blesser certaines opinions, de détruire quelques illusions, nous dirons qu'à la suite d'un examen consciencieux, dans lequel nous ne cherchions qu'à nous éclairer sur des choses que nous ignorions, nous dirons que le pilonnier, en dehors du soin qu'il apporte à enlever les crasses, de l'habileté qu'il met à éviter les plissages superficiels, n'a d'autre but que de *transformer une pièce d'une certaine forme en une autre, de forme et de dimensions données*. Dans ces opérations, l'ouvrier n'est guidé par aucune considération physique. Et il en est de même dans tout le travail mécanique des métaux qui se réduit à une pure question *géométrique.* »

Ailleurs : « Ces mêmes ingénieurs (les métallurgistes) voudront bien reconnaître que le forgeage n'a aucun caractère scientifique et est encore un art aux mains de l'ouvrier. S'il est soumis à quelques règles, ces règles ne sont pas même écrites ; de plus, elles sont empiriques et ne sont pas toujours exactes. Je signalerai, par exemple, l'inexactitude de la croyance générale qu'un métal est d'autant meilleur qu'il est forgé et qu'on ne forge jamais trop. »

Plus loin, enfin : « Pour rechercher les propriétés des pièces de forge, il ne suffit donc pas de marteler à coups redoublés un lopin d'acier et de confectionner ainsi une barrette se prêtant à l'essai direct et immédiat de traction longitudinale ; il faut opérer sur un lingot assez gros pour qu'on puisse extraire de la pièce finie de forge des éprouvettes dans diverses directions et particulièrement dans le sens de l'épaisseur.

« Alors on verra, si le forgeage a été assez énergique, la qualité, c'est-à-dire la limite d'élasticité, la résistance, les déformations et les cassures, varier beaucoup avec l'orientation de l'éprouvette ; et on pourra s'assurer qu'au point de vue des essais de traction transversale, on n'obtient pas de bons résultats en forgeant outre mesure. »

Il y a un contraste frappant entre ces considérations auxquelles croient devoir se limiter les ingénieurs qui ont le plus longuement réfléchi sur ces difficiles questions et les affirmations catégoriques des rédacteurs de cahiers des charges décrétant que pour tel produit le coefficient de corroyage doit être au moins de 3, pour tel autre de 4, pour tel autre de 50 [1] sans s'occuper en aucune façon de justifier ces nombres d'une façon quelconque, ni chercher à tenir compte de la façon dont travaille la pièce en service et de la façon dont elle est travaillée au forgeage. Il serait plus sage, semble-t-il, d'exécuter quelques expériences pour tâcher d'avoir, comme point de départ, une série de données précises. Mais de telles expériences sont très difficiles ; nous ne voyons même pas comment il serait possible de préparer des échantillons de métaux qui ne diffèrent entre eux que par le coefficient de corroyage et soient rigoureusement comparables sur tous les autres points. Mais si cette difficulté empêche d'établir d'une façon catégorique l'inutilité du corroyage, elle empêche également d'en établir l'utilité. Au point de vue pratique, on peut se contenter de comparer les résultats fournis aux essais mécaniques par les barreaux prélevés soit en long, soit en travers, dans deux blocs de mêmes dimensions, soumis aux mêmes traitements thermiques et provenant de deux lingots d'une même coulée, mais de dimensions initiales très différentes. Le tableau ci-après reproduit les résultats obtenus dans une expérience de ce genre.

Dans une même coulée d'acier Martin 1/2 dur obtenu sur sole acide par fusion de matières très pures [2] on a préparé, d'une

---

[1] Le cahier des charges unifié des chemins de fer impose, pour les barres à rivets, un coefficient de corroyage de 50. Dans la plupart des autres cas, que nous pourrions citer, le coefficient dépasse rarement 4 ou 5 ; pourquoi cet écart énorme ? Mystère.

[2] La coulée utilisée était destinée à la préparation d'éléments de canons. — L'analyse chimique a indiqué, comme teneur en phosphore, 0,023, et en soufre, 0,020.

part, deux lingots de 800 kilogs et 8^{dm2},6 de section moyenne environ, d'autre part, un lingot de 10.000 kilogs et 61 décimètres carrés de section. Ces lingots ont servi à préparer par forgeage des pièces cylindriques à deux diamètres dont le croquis est indiqué sur la figure 17, où l'on a superposé, dans chaque cas, le tracé du lingot (en trait mixte) et le tracé de la pièce qui en a

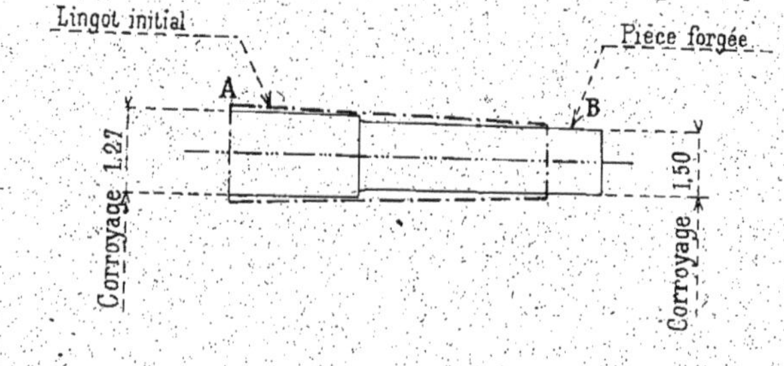

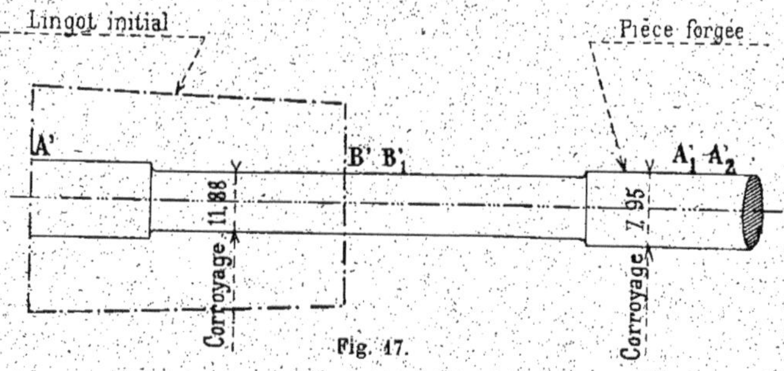

Fig. 17.

été tirée (en trait plein). On a obtenu ainsi, pour les pièces provenant des petits lingots, un corroyage égal à 1,27 à l'extrémité A et à 1,50 à l'extrémité B et, pour les pièces provenant du gros lingot, un corroyage variant de 7,95 en moyenne à l'extrémité A' et à 11,88 en moyenne à l'extrémité B'. Ces pièces ont été soumises simultanément, dans le même four, à un traitement thermique comprenant une trempe à l'eau à 850° et un recuit à 600° environ. On a ensuite prélevé, aux deux extrémités, dans le sens perpendiculaire au forgeage, des barreaux de traction et de choc dont les essais ont fourni les résultats résumés dans le tableau ci-contre.

POINT de prélèvement des essais.	CORROYAGE	ESSAIS DE TRACTION sur barreaux de $13^{mm},8$ de diamètre prélevés en travers.			ESSAIS DE CHOC au mouton à chute libre sur barreaux de 24×9 millim. prélevés en travers.	
		E	R	a	Nombre de chocs supportés sans rupture.	Angle de ployage.
A.	1,27	50,1	68,7	15	26	70°
		50,1	69,0	15	26	71°
		49,5	69,4	15	26	72°
A₁. . . .	—	50,1	69,0	13	cassé au 22e coup	79°
B. . . .	1,50	49,5	69,7	20	26	74°
		50,1	70,7	18	cassé au 23e coup	82°
		50,1	70,1	18	— 22e —	80°
B₁. . . .	—	50,1	70,7	20	— 26e —	71°
A'. . . .	7,95	50,8	67,4	10	— 16e —	105°
		49,5	66,1	9	— 18e —	107°
		50,8	66,1	9	— 18e —	89°
A'₁. . . .	—	53,5	67,4	7	— 10e —	141°
		50,1	66,1	10	— 15e —	115°
A'₂. . . .	—	48,8	65,4	11	— 14e —	117°
		48,8	65,4	11	— 12e —	142°
A'₃. . . .	—	49,5	65,4	10	— 13e —	124°
B'. . . .	11,88	52,1	68,1	12	— 12e —	132°
		51,5	68,1	12	— 16e —	119°
		52,1	68,1	12	— 19e —	102°
B'₁. . . .	—	51,5	66,1	10	— 13e —	110°
B'₂. . . .	—	51,5	68,1	10	— 17e —	103°
		51,5	66,8	10	— 13e —	124°
B'₃. . . .	—	51,5	68,1	14	— 12e —	128°
		52,8	68,1	10	— 19e —	106°

On voit que les résultats fournis par les parties moins corroyées sont nettement supérieurs à ceux des parties les plus corroyées. Il est difficile d'imaginer une vérification plus frappante de l'assertion émise par Duguet relativement à l'influence du corroyage sur les essais en travers. Cette expérience unique ne peut certainement pas être considérée comme donnant une indication *quantitative* exacte ; mais elle renforce singulièrement l'opinion qualitative qui semblait se dégager des observations analogues déjà connues, étant donné surtout qu'on n'a jamais signalé *aucun* fait précis conduisant à des conclusions opposées. On est donc conduit à admettre que, au moins pour les pièces dont on apprécie la qualité par des essais sur barreaux prélevés perpendiculairement au sens de l'étirage, le corroyage paraît plutôt nuisible qu'utile.

Enfin, nous avons déjà fait remarquer plus haut que le

mécanisme même du forgeage au pilon ou à la presse produisait aux différents points d'un même lingot soumis à l'étirage des différences considérables de corroyage. Dans des conditions de forgeage parfaitement normales et courantes, nous avons pu constater entre deux parties voisines d'un même lingot des différences de corroyage allant du simple au triple et qui sont certainement plus accentuées dans certains cas. Donc, dans un bloom d'acier qui a subi un corroyage moyen de 4, il y a très fréquemment des parties pour lesquelles ce corroyage n'a pas dépassé sensiblement 2 ou 2,5. Si la valeur numérique de ce corroyage avait réellement une influence, on constaterait dans toutes les pièces de forge des hétérogénéités locales que, fort heureusement, les essais pratiques ne mettent nullement en évidence.

De tout ce qui précède on peut, croyons-nous, conclure que l'influence sur les qualités de l'acier du procédé de forgeage employé (martelage, forgeage à la presse ou laminage) et du coefficient de corroyage est encore mal connue, mais certainement très faible et, dans beaucoup de cas, presque complètement effacée par le traitement thermique subséquent [1]. Les conditions de fabrication relatives à ces opérations, inscrites dans certains cahiers des charges, ne reposent donc que sur des conjectures et, avant de leur donner force de loi, il serait sage de chercher, dans chaque cas particulier, si les difficultés et les inconvénients certains et parfois très graves qu'elles entraînent ne compensent pas largement les avantages problématiques qu'on leur attribue.

---

[1] Ceci se rapporte seulement aux essais ordinairement effectués pour la réception des métaux, essais de traction et essais de flexion par choc. Il est fort possible que d'autres épreuves arrivent à mettre en évidence des différences entre des métaux différemment forgés ou laminés. Dans des expériences encore en cours, nous avons cru remarquer que les essais de résilience étaient influencés par les conditions du forgeage, même après un traitement thermique. Cette observation a besoin d'être confirmée et précisée. Elle n'a rien à voir avec les cahiers des charges actuels, qui ne prévoient jamais, jusqu'à présent, d'essais de résilience. Elle conduirait probablement, d'ailleurs, à des prescriptions inverses de celles qui sont inscrites dans ces cahiers des charges.

SUR LES ESSAIS DE TREMPE

Article paru dans la *Revue de Métallurgie*, n° 3, mars 1913.

I

Un certain nombre de cahiers des charges prévoient, pour la réception de produits métallurgiques, des essais effectués sur éprouvettes préalablement soumises à un traitement thermique déterminé.

Ces essais peuvent se ramener à deux catégories distinctes. Les uns, pratiqués depuis fort longtemps, s'appliquent seulement aux aciers doux, et notamment aux aciers employés à des usages qui peuvent comporter des variations étendues et brusques de température (comme les tôles de chaudières) ; ils sont destinés à constater que l'influence de la trempe est limitée et ne fait varier la dureté de l'acier essayé que dans des limites restreintes ; c'est ce que M. Osmond a appelé les essais de non trempe dans le rapport qu'il a consacré à cette question au cours des travaux de la Commission française des Méthodes d'essai[1]. Les prescriptions qui définissent ces épreuves sont toutes sensiblement du même type ; nous citerons, à titre d'exemple, celles qui sont adoptées par la Marine française pour les tôles de chaudières.

« Les éprouvettes (40 millimètres de large sur l'épaisseur de la tôle et 250 millimètres de longueur) sont chauffées uniformé-

---

[1] « Sur les essais de trempe », par F. Osmond. Rapport présenté à la Commission des Méthodes d'essai des matériaux de construction.

ment de manière à être amenées au rouge cerise un peu sombre, puis trempées dans l'eau à 28°. Elles doivent ensuite pouvoir être pliées de façon que les faces intérieures des branches de la bande repliée s'appliquent exactement l'une sur l'autre sans qu'il se produise aucune crique, rupture ou défaut quelconque. »

Une deuxième catégorie d'essais, applicables à la réception des aciers qui sont susceptibles de recevoir un traitement thermique dans les ateliers de l'acheteur, permet de vérifier que des barreaux soumis à des opérations thermiques déterminées acquièrent des propriétés mécaniques numériquement définies. C'est ainsi que le service des Forges de l'Artillerie de terre prescrit que « pour les aciers dits de 3ᵉ classe, des échantillons trempés dans l'eau à 28° après chauffage à une température variant entre 850 et 900°, puis recuits après trempe entre 500 et 600° doivent donner à la traction une résistance comprise entre 80 et 105 kilogrammes avec 8 p. 100 d'allongement ; des barreaux de choc de 30×30 millimètres trempés dans les mêmes conditions doivent pouvoir supporter sans se rompre 15 coups d'un mouton de 18 kilogrammes tombant de 2ᵐ,75 ¹. Dans le même ordre d'idées, on peut citer les conditions de réception des aciers pour ressorts des Compagnies de chemins de fer, qui comportent des essais de flexion et de choc sur barres et éprouvettes préalablement trempées et recuites.

Les essais de trempe correspondent à des préoccupations parfaitement logiques, mais qui semblent avoir parfois été exagérées. *Contrairement à ce qu'on aurait pu espérer, les difficultés auxquelles donne lieu leur réalisation paraissent augmenter à mesure que se répand l'usage des procédés précis d'évaluation des températures et de détermination des propriétés mécaniques des métaux.* Il peut donc y avoir intérêt à essayer de résumer brièvement l'état actuel de la question.

---

¹ Les essais de trempe relatifs aux aciers de différentes classes sont réunis dans le cahier des charges communes du 10 septembre 1909, édité par la librairie Chapelot et Cⁱᵉ.

II

Dans le rapport cité plus haut, M. Osmond récapitulait dans le tableau ci-dessous « les causes multiples qui peuvent théoriquement agir sur les effets de la trempe ».

A   Composition chimique.
B   Structure antérieure de l'acier.

C   Chauffage.
- 1. Procédés de chauffage.
- 2. Vitesse de chauffage.
- 3. Température de chauffage.

D   Température d'immersion.

E   Vitesse de refroidissement.
- 1. Dimensions des pièces.
- 2. État des surfaces.
- 3. Nature du bain.
- 4. Température du bain.
- 5. Poids du bain.
- 6. Agitation du bain.

F   Température d'émersion.
G   Influences accidentelles.

Si l'on considère seulement l'exécution des essais de trempe, on voit de suite que certains facteurs n'ont pas à intervenir (tels que ceux désignés en A et B) et que d'autres sont faciles à définir d'une façon suffisamment précise pour conduire à des résultats sûrement comparables. C'est principalement à propos du chauffage qu'on rencontrera de réelles difficultés, tant au point de vue du choix et de la définition numérique de la température adoptée, que de la réalisation pratique de cette température.

La variation des propriétés de l'acier en fonction de la température de trempe doit évidemment servir de point de départ pour le choix de la température de chauffage. La loi de cette variation est aujourd'hui bien connue dans ses grandes lignes à la suite de multiples séries d'essais; on peut la résumer qualitativement en disant que jusqu'à une certaine température A, la trempe ne modifie pas les propriétés usuellement déterminées des aciers. Ces propriétés varient au contraire très rapidement dans un intervalle A à B, puis restent parfois presque constantes, ou du moins varient moins rapidement, dans un intervalle plus ou moins étendu B C, au-dessus de B, et qui comprend toute la zone utilisable pour les traitements thermiques. Dans tous les cas, le point A coïncide avec ce qu'on appelle le point critique a_1 à l'échauffement, point auquel on observe dans l'acier des phénomènes thermiques ainsi que des variations très nettes des différentes propriétés et qui peut, par suite, être déterminé indépendamment de toute convention sur l'échelle des températures. Si on effectue cette détermination en la rapportant à l'échelle thermométrique adoptée par les physiciens (thermomètre à hydrogène) on trouve que, pour tous les aciers usuels, le point A est voisin de 700°.

La position dans l'échelle des températures des points B et C, au contraire, varie beaucoup d'un acier à l'autre ; il sera donc nécessaire, pour fixer les conditions d'un essai de trempe relatif à un acier donné, de tracer expérimentalement la courbe qui représente la variation de la propriété que l'on envisage avec la température de trempe. On trouvera, dans diverses publications, de nombreux exemples de tels diagrammes qu'il est inutile de reproduire ici[1] ; il suffira de dire que leur forme fait clairement ressortir que, pour les aciers usuels, la majeure partie des effets de la trempe n'est obtenue que si on chauffe au-dessus de 800°, et que, pour obtenir des résultats comparables, il est nécessaire de définir à quelques degrés près la température de trempe[2].

En raison même de ce qui précède, on comprend combien il est nécessaire d'obtenir le chauffage parfaitement uniforme du volume entier de l'échantillon, ce qui ne peut être obtenu que par le maintien à température constante pendant un temps qui est fonction de la dimension du fragment chauffé.

L'intensité de la trempe étant fonction de la vitesse de refroi-

---

[1] Citons, en particulier, le mémoire « Sur la trempe de l'acier », publié en 1895 dans le *Bull. de la Soc. d'Enc.*, et résumant des expériences faites sous les auspices de la Société d'Encouragement.

[2] Dans une étude plus spécialement consacrée à la trempe des aciers à outils (*Rev. de Mét.*, mars 1904), M. Le Chatelier écrit les lignes suivantes : « Ces expériences... ont permis de préciser par des chiffres le fait, connu d'ailleurs au point de vue pratique, que *les plus légères* modifications dans les conditions de trempe et de revenu avaient une influence *énorme* sur la qualité des outils ».

dissement [1], il est facile de comprendre l'influence des diverses grandeurs qui définissent le bain de trempe (nature du liquide, volume, température, agitation, etc...). Cette influence a fait l'objet de différentes études dues à MM. Le Chatelier, Lejeune, Brinell, Benedicks, etc... et qu'on trouvera résumées dans divers ouvrages parmi lesquels nous citerons celui consacré par M. Léon Guillet au traitement des produits métallurgiques [2].

Il n'est pas nécessaire, pour ce qui concerne spécialement les essais de trempe, de suivre le détail des diverses expériences que nous venons de rappeler ; il suffit d'en retenir comme conclusion que, *dans les spécifications relatives aux essais de trempe, il est nécessaire de définir la variation, en fonction du temps, de la température de l'échantillon soumis à l'essai, de façon que cet échantillon soit sûrement amené dans toutes ses parties à une température numériquement déterminée, et soit ensuite refroidi avec une vitesse connue.*

III

Peut-on appliquer pratiquement des prescriptions ainsi précisées ? Cela ne nous paraît pas douteux à la condition d'adopter un mode opératoire minutieusement défini et de s'astreindre à toute une série de précautions dont nous rappelons ci-dessous les plus importantes.

Considérons d'abord ce qui concerne la température de chauffage. Pour définir exactement cette température, il faut, comme nous l'avons dit plus haut, avoir choisi une échelle thermométrique déterminée et un mode de mesure qui permette de rapporter pratiquement la température à cette échelle.

[1] Voici quelques résultats obtenus sur des barreaux d'un même acier, chauffés à la même température (800°) et trempés dans un grand volume d'eau à différentes températures, ou d'huile froide.

Bain de trempe.	Résistance.	Allongement.
Eau à 15°	111,7 kg.	0,5
— à 50	95,0	4,5
— à 75	86,3	5,5
— à 100	66,8	17,0
Huile à 15	92,1	7,5

[2] *Trempe, recuit et revenu,* par Léon Guillet. Dunod et Pinat, 1909.

L'échelle thermométrique qui servira de terme de comparaison est évidemment celle qui est adoptée par les physiciens, c'est-à-dire l'échelle définie par le thermomètre à gaz à volume constant. Le thermomètre à gaz n'étant pas susceptible d'être employé pratiquement, il faut pouvoir rapporter à ces indications celles des pyromètres qu'on trouve utilisés dans l'industrie et qui sont basés, soit sur les phénomènes thermo-électriques (pyromètre Le Chatelier), soit sur les phénomènes optiques (pyromètre Féry, Holborn et Wien, etc...), soit sur les phénomènes calorifiques (pyromètre calorimétrique de Siemens), soit sur la variation de la résistivité électrique des métaux (pyromètre à résistance), etc., etc. Pour obtenir des données tout à fait sûres, on ne peut pas admettre que les graduations des appareils qu'on trouve à acheter dans l'industrie restent exactes indéfiniment ; en supposant que ces graduations soient primitivement exactes, ce qui ne peut être admis d'une façon indéterminée, il est certain que beaucoup de ces appareils se modifient peu à peu, dans une proportion très variable, il est vrai, mais sans qu'on puisse, en général, tenir ces modifications pour complètement négligeables. Il est donc nécessaire d'avoir un procédé de vérification facile et sûr ; parmi ceux qui sont possibles, le plus simple consiste à vérifier les températures de fusion ou d'ébullition de corps faciles à obtenir purs, corps simples, sels, etc. ; l'un des principaux avantages du pyromètre thermo-électrique Le Chatelier est, à notre avis, la facilité avec laquelle il se prête à ces vérifications qui peuvent être répétées en quelques minutes et avec des installations très simples ; il ne faut pas croire, néanmoins, que ces déterminations puissent être faites sans une certaine habitude de l'expérimentateur et sans un certain nombre de précautions ; mais toutes les conditions nécessaires sont bien connues et on trouvera la question exposée d'une façon aussi complète que possible dans la récente édition de l'ouvrage de MM. Le Chatelier et Burgess, sur la mesure des hautes températures [1]. *Il suffira donc de signaler ici la nécessité d'employer pour la mesure des*

[1] « Measurement of high temperatures », Burgess and Le Chatelier (*Wiley and sons, 1912*).

températures dans les essais de trempe des pyromètres dont la graduation soit bien définie et dûment vérifiée, sous peine d'avoir des résultats plus incertains que ceux que pourrait fournir la simple observation de la couleur du corps chauffé. Cette observation, qui était autrefois la seule méthode employée dans les usines métallurgiques et qui possède encore des partisans, pèche surtout par l'absence d'une échelle de comparaison ; les observations sur l'ancienne échelle de Pouillet, publiées par MM. White et Taylor, d'une part, Howe, d'autre part, font bien ressortir l'incertitude qui en résulte, car elles donnent pour une même coloration des valeurs numériques de la température très différentes de celles admises par Pouillet[1]. L'observation de la couleur ne constitue donc pas un procédé de mesure absolue de la température, mais elle fournit un moyen d'évaluation relative très sensible et qu'on aurait grand tort de négliger. Il est très facile de voir une différence de teinte entre deux corps portés à des températures différentes ; cela fournira, en particulier, un moyen souvent utile de s'assurer qu'un corps chauffé est bien à la même température qu'un pyromètre qui définit numériquement cette température.

Il ne faut pas oublier, en effet, que l'une des principales difficultés que l'on rencontre dans le chauffage à température

[1] Le tableau ci-dessous donne la comparaison des diverses échelles basées sur l'observation de la couleur des corps chauffés.

ÉCHELLE de White et Taylor.	ÉCHELLE de Howe.	DIFFÉRENCES avec les observations de White et Taylor.	ÉCHELLE de Pouillet.	DIFFÉRENCES avec les observations de White et Taylor.
	R. N. dans l'obscurité . . . 470°			
	R. N. à la lumière du jour 475		Rouge naissant 525°	
Rouge sombre. 566°	Rouge sombre. 550	— 16°	— sombre. 700	+ 134°
— cerise .			— cerise .	
— sombre. 635			— naissant 800	+ 165
— cerise . 746	Cerise franc. . 700	— 46	— cerise . 900	+ 154
—				
— clair . 843	Rouge clair . . 850	+ 7	— clair . 1.000	+ 157
Orangé. 899			Orangé foncé . 1.100	+ 201
— clair . 941			— clair . 1.200	+ 260
Jaune . . . 996	Jaune franc. . 950	— 46		
— clair . 1.079	— clair . . 1.050	— 22		
Blanc . . . 1.205	Blanc . . . 1.150	— 55	Blanc . . . 1.300	+ 95

déterminée consiste dans la prise de cette température ; on peut s'exposer à des erreurs grossières en plaçant un pyromètre à côté du corps à chauffer dans une enceinte où la température est inégalement répartie. Le plus sûr moyen d'éviter ces difficultés consiste à employer des enceintes de chauffage à température uniforme, et parmi les diverses solutions qui permettent d'arriver à cerésultat, il en est une très simple et qui peut s'appliquer sans outillage spécial, c'est l'emploi des bains de métaux ou de sels fondus. Il est facile d'obtenir, même sur un feu de charbon, un bain liquide dont la température est uniformisée par l'agitation et mesurée par un pyromètre et, en y plongeant l'échantillon à chauffer pendant un temps déterminé d'après ses dimensions et en particulier d'après son épaisseur, on peut être certain d'arriver à obtenir cette même température en tous les points de l'échantillon, ce qui est une condition indispensable.

Les précautions à prendre pour assurer le refroidissement dans des conditions bien déterminées sont faciles à concevoir, nature du liquide de trempe, température initiale et finale de ce bain, degré d'agitation, etc., toutes ces circonstances peuvent être définies sans difficulté et doivent l'être avec une grande précision si on veut éviter des causes d'erreur.

En résumé, l'exécution d'un essai de trempe dans des conditions rigoureusement définies présente toute une série de difficultés très réelles, qu'il importe de bien mettre en évidence et qui doivent faire l'objet de prescriptions précises ; mais aucune de ces difficultés n'est insurmontable, même dans la pratique des ateliers, où l'on tend de plus en plus à employer, pour la trempe des outils ou des petites pièces, des procédés de travail qui comportent toute la précision nécessaire aux essais de trempe et qui conduisent d'ailleurs à des résultats d'une grande régularité. Dans le cas où l'exactitude des mesures ne paraîtrait pas pouvoir être obtenue couramment dans tous les ateliers, il resterait la possibilité de ne faire les essais de trempe que dans certains laboratoires spécialement outillés et comportant un personnel compétent[1].

---

[1] Cette manière de faire a été adoptée depuis quelques années par l'artillerie de

IV

Si l'on effectue des essais de trempe en observant bien toutes les précautions qui sont indiquées sommairement ci-dessus, on ne tarde pas à s'apercevoir que *beaucoup des prescriptions inscrites dans les cahiers des charges sont bien plus difficiles à réaliser qu'on ne le suppose généralement*. Ce résultat peut paraître paradoxal; il n'en est pas moins réel et il est bien facile à chacun de le vérifier. Si, pour ne prendre qu'un exemple unique, on considère les conditions relatives aux tôles et cornières pour chaudières en acier doux demandées par la Marine, on trouvera qu'il est très difficile d'obtenir à la fois (surtout sur les tôles peu épaisses) la résistance minima de 40 kilogrammes sur éprouvette recuite et le pliage à bloc sans crique après trempe, si cette trempe est bien exécutée à une température supérieure aux points critiques de l'acier. L'essai après trempe à une température inférieure aux points critiques n'aurait d'ailleurs aucune signification puisque cette trempe ne produit aucun durcissement du métal ; ce n'est donc pas dans cette voie qu'il y aurait lieu de chercher une atténuation si celle-ci paraissait nécessaire ; mais, d'autre part, on peut se demander s'il est bien utile que les tôles d'acier doux aient une résistance supérieure à 45 kilogrammes après recuit et que le pliage sans criques ait lieu à bloc ? C'est aux constructeurs qu'il appartient de déterminer les qualités qui leur paraissent indispensables dans les métaux qu'ils utilisent, mais il semble que dans beaucoup de cas, ils aient été plus exigeants qu'il ne fallait, spécialement en ce qui concerne les conditions à réaliser après trempe, créant ainsi des difficultés de réalisation qui apparaissent davantage à mesure que les progrès de la technique permettent d'opérer les essais dans des circonstances mieux définies.

En résumé, le principe des essais de trempe paraît incontes-

terre qui a centralisé les essais de trempe des aciers pour corps d'obus au laboratoire des ateliers de Puteaux.

tablement devoir être conservé. Mais, en revisant les motifs déjà anciens qui avaient servi de base à la fixation des conditions imposées, il semble que certaines de ces conditions pourraient, avec avantage, subir des modifications, en même temps que les diverses circonstances de l'essai recevraient la définition minutieuse et précise que permettent les procédés expérimentaux actuels, et faute de laquelle les résultats des essais de trempe ne constitueraient que de véritables trompe-l'œil.

SUR LES ESSAIS DE TREMPE

Extrait d'une note présentée au Congrès international des méthodes d'essai des matériaux de construction tenu à Paris du 9 au 16 juillet 1900.

Nous avons cherché à déterminer directement la précision réalisable dans les conditions ordinaires, c'est-à-dire avec évaluation à vue des températures dans les essais de trempe et de recuit. Nous avons fait faire à quatre expérimentateurs différents, tous très exercés à ce genre d'opération, deux séries de trempes sur des barreaux prélevés dans une même barre d'acier mi-dur. La 1re série comportait seulement une trempe à l'huile au rouge cerise ; la 2e série comportait une trempe à l'eau au rouge cerise suivie d'un recuit au rouge très sombre. Ce sont des conditions prises dans les cahiers des charges de grandes administrations pour la réception de l'acier mi-dur.

Les résultats des essais des éprouvettes ont été les suivants :

NUMÉRO DE L'EXPÉRIENCE	RÉSISTANCE A LA RUPTURE	
	Trempe à l'huile.	Trempe à l'eau et recuit au R. S.
	kilogrammes.	kilogrammes.
1er observateur. { N° 1	105,5	90,3
N° 2	100,3	87,0
N° 3	99,4	89,0
N° 4	103,3	93,5
N° 5	105,3	93,9
2e observateur. N° 1	113,4	92,0
3e observateur. N° 1	102	102,9
4e observateur. { N° 1	104,3	96
N° 2	119,4	99,3
Différence maxima	19,1	15,9

On voit que la différence des résultats obtenus par un même
expérimentateur (très exercé) est de 6 kg. 1 pour la 1ʳᵉ série, et
6 kg. 9 pour la 2ᵉ série, mais qu'entre les différents expérimentateurs, opérant tous dans les mêmes conditions, la différence
atteint 19 kg. 1 pour la 1ʳᵉ série et 15 kg. 6 pour la 2ᵉ série.

On a effectué sur le même métal des essais après trempe à
l'huile à 800°, et après trempe à l'eau à 800° et recuit à 550° en
déterminant les températures au moyen d'un pyromètre. Les
résultats obtenus sont les suivants :

	TREMPE à l'huile.	TREMPE à l'eau et recuit.
	kilogrammes.	kilogrammes.
N° 1.	86,4	91,9
N° 2.	87,1	92,4
N° 3.	87,7	93,5
N° 4.	85,5	91,7
N° 5.	89,7	94,8
Différence maxima	4,2	3,1

L'emploi du pyromètre donne comme on voit une précision

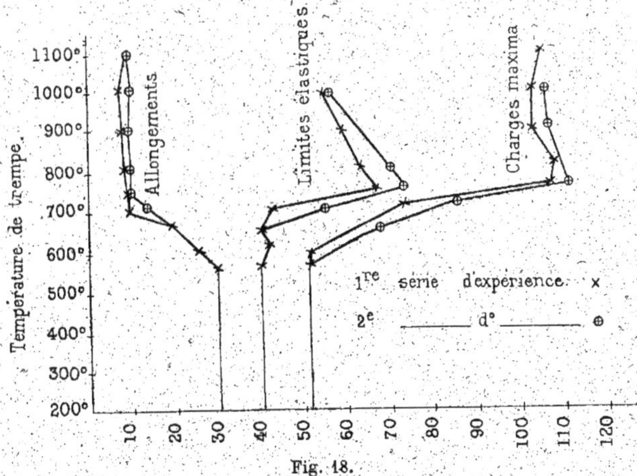

Fig. 18.

assez grande ; mais sa supériorité apparaît surtout quand on considère des opérations faites indépendamment par des expérimentateurs différents.

La figure 18 donne, à titre d'exemple, des résultats obtenus sur le même acier à deux années d'intervalle, par des expérimentateurs indépendants opérant avec un outillage différent. Les courbes se rapportent à un métal à 0,40 de carbone, trempé à différentes températures. Les écarts entre les résistances observées après trempe à une même température entre 750 et 1000° ne dépassent pas 3 kilogrammes.

SUR LA LIMITE ÉLASTIQUE DES MÉTAUX

Extrait d'un article publié dans le *Mémorial de l'artillerie de la Marine*.
(Année 1895, t. XXIII, p. 575.)

Tout le monde est depuis longtemps d'accord sur ce point, que la connaissance de la limite élastique a une bien plus grande importance que celle de la charge de rupture, quand il s'agit de fixer les conditions d'emploi d'un métal et, par suite, d'effectuer une recette. Néanmoins, la plupart des cahiers des charges ne mentionnent pas de conditions relatives à la limite élastique, sauf dans quelques cas où l'on considère cette limite comme déterminée par la chute du levier ou l'arrêt du manomètre de la machine d'essai.

La Commission nommée par le Ministre des travaux publics pour préparer l'unification des méthodes d'essai des matériaux de construction a longuement discuté cette question ; le résultat sur lequel l'accord s'est fait finalement consiste à donner trois définitions différentes de la limite élastique ; les trois définitions sont les suivantes :

La limite d'élasticité théorique est la charge au-dessus de laquelle les déformations deviennent permanentes ;

La limite d'élasticité proportionnelle ou limite des déformations proportionnelles est la charge correspondant au point où les déformations cessent d'être proportionnelles aux efforts ;

La limite d'élasticité apparente ou origine des déformations sous charge constante correspond au point où les déformations prennent une valeur de plus en plus accentuée sans augmentation de l'effort exercé.

Cette solution est évidemment provisoire. Ce serait un étrange procédé d'unification de donner trois définitions différentes d'une même grandeur.

Laquelle faut-il choisir parmi ces trois définitions? A notre avis, elles sont toutes trois contestables. La limite d'élasticité théorique existe-t-elle? C'est une question controversée ; en fait, il semble qu'elle ne se manifeste nettement que pour les métaux qui ont déjà subi une déformation. Pour ces métaux, un effort inférieur à celui qui a déterminé la déformation ne produira, en général, pas d'effet. Mais la limite d'élasticité ainsi acquise, l'élasticité spéciale, pour employer l'expression du colonel Rosset, ne correspond pas à une qualité caractéristique du métal et ne peut donner d'indication que sur les pièces travaillées exactement comme le barreau d'essai et pour des efforts agissant identiquement comme celui que l'on applique pendant l'essai. Si même la limite d'élasticité théorique existait, on ne pourrait la mesurer qu'avec une approximation déterminée ; on pourrait vérifier que le barreau n'a pas subi de déformations permanentes à $\frac{1}{n}$ près, et l'indication obtenue dépendrait beaucoup plus du degré de précision de la machine employée que de la nature du métal en essai. Il en est de même pour la limite d'élasticité dite proportionnelle. La détermination de cette limite consiste en réalité à déterminer le point à partir duquel la courbe des allongements en fonction des charges se sépare de sa tangente. Cette détermination très délicate se fera avec des précisions très différentes, suivant l'appareil employé ; le nombre obtenu dépendra donc de conditions qui n'ont aucun rapport avec les qualités caractéristiques du métal essayé[1].

En ce qui concerne la limite apparente d'élasticité, il faut, pour se rendre compte du phénomène auquel elle correspond, examiner les diagrammes fournis dans les différents cas pos-

---

[1] A la suite d'une assez longue discussion, la Commission des méthodes d'essai des matériaux de construction est arrivée à conclure qu'il était nécessaire de fixer la précision des mesures dans la détermination des limites d'élasticité proportionnelle et théorique. La commission admet que les mesures se font au 1/1000 de millimètre sur 200 millimètres de longueur totale. Il semble bien difficile d'obtenir cette précision d'une façon courante et surtout d'avoir des résultats comparables avec des appareils différents.

sibles par les appareils enregistreurs. En examinant une collection de ces diagrammes, relatifs aux métaux usuels, on constate que ceux qui sont relatifs aux fers et aciers recuits présentent une particularité. La courbe, qui s'élève d'abord rapidement, change brusquement d'allure à partir d'une certaine charge et se confond, sur une certaine longueur, avec une droite horizontale ; le métal s'allonge alors sous charge constante ; au delà de ce palier rectiligne, la courbe se relève, l'allongement croît en même temps que la charge. La limite apparente d'élasticité correspond à la charge sous laquelle se produit ce palier rectiligne.

De nombreuses expériences, qu'il n'y a pas lieu de décrire ici, nous ont conduit à conclure que ce fait correspond à une transformation allotropique du fer. Une autre explication consistait à regarder la formation de ce palier comme correspondant à la rupture du ciment carburé dont M. Osmond admet l'existence entre les particules du fer ; en tout cas, ce phénomène n'a rien de commun avec l'élasticité. Néanmoins c'est une grandeur bien définie et facile à déterminer, mais seulement dans le cas des fers et aciers *recuits*. Dans tous les autres cas, en effet, fers ou aciers trempés ou écrouis, bronzes, laitons, etc., la courbe de traction ne présente aucune discontinuité, aucun changement brusque de direction ; la première portion de la courbe dans laquelle les charges croissent très rapidement, les allongements restant très faibles, s'infléchit à partir d'un certain moment et se raccorde à une deuxième portion dans laquelle les allongements croissent en même temps que les charges ; la courbe de raccordement a une courbure plus ou moins accentuée, suivant le cas, mais jamais nulle. Dans tous ces cas-là, la limite apparente d'élasticité n'existe donc pas ; en suivant la marche du manomètre, on la voit se ralentir à un moment donné ; on note la charge correspondante qu'on appelle limite apparente d'élasticité ; on détermine donc le point où la courbe change de direction. Il est inutile de faire remarquer l'incertitude qui règne sur cette détermination et le peu de rapport qu'elle présente avec l'élasticité.

En résumé, la connaissance de la limite d'élasticité théorique et de la limite d'élasticité proportionnelle présente peu d'intérêt à cause de l'influence considérable que peut avoir sur leur détermination la précision des appareils employés ; de plus, la mesure de ces grandeurs est trop longue et trop difficile pour pouvoir entrer dans les essais courants. Quant à la limite apparente d'élasticité, elle n'est définie nettement que dans un cas particulier, celui des fers et aciers recuits, et n'a rien de commun avec l'élasticité.

Faut-il conclure de là que l'on doit se contenter de la charge de rupture pour caractériser un métal ? Nous ne le pensons pas, car des métaux peuvent avoir des charges de rupture identiques et des propriétés très différentes ; mais, d'autre part, il importe de chercher des données faciles à obtenir pratiquement et de ne pas demander aux essais mécaniques plus qu'ils ne peuvent donner ; en particulier, nous croyons qu'il n'y a pas lieu de faire intervenir actuellement l'élasticité dans les résultats.

Le meilleur moyen de synthétiser un essai mécanique consiste à obtenir un diagramme donnant les déformations en fonction des charges, diagramme facile à obtenir avec un appareil enregistreur. Si l'on veut avoir une expression numérique simple, pour la rédaction des cahiers des charges, la grandeur qui nous semble importante à considérer est la charge sous laquelle se produira une déformation déterminée très petite. Par exemple, pour fixer les qualités d'un bronze, on pourra dire : la charge de rupture sera égale ou supérieure à 25 kilogrammes par millimètre carré ; le métal soumis à un effort de 15 kilogrammes par millimètre carré ne devra pas présenter un allongement supérieur à $0^{mm},1$ sur une longueur de 100 millimètres. L'emploi d'un enregistreur donnant une amplification suffisante, ou d'un appareil spécial facile à imaginer, permettra de constater si cette condition est remplie. On aura ainsi une indication précise, sur la signification de laquelle il sera impossible de se tromper, et qui résumera à peu près tout ce que peuvent donner actuellement les essais mécaniques.

QUELQUES RÉFLEXIONS
SUR L'ESSAI DES MATÉRIAUX

PAR M. H. LE CHATELIER

Article publié dans la *Revue de Métallurgie*, n° 11, novembre 1909.

Depuis de longues années, je m'occupe de la question des essais, soit au point de vue théorique, dans des articles de revues, soit au point de vue pratique, comme membre de commissions administratives, chargées de la rédaction de cahiers des charges. Dans l'étude de cette question, j'ai toujours poursuivi une même méthode; je voudrais l'exposer ici.

Le progrès industriel a deux origines nettement distinctes : parfois les découvertes imprévues de quelques hommes de génie, comme Bessemer ou Siemens; plus souvent encore, l'addition lente, mais continue de petits perfectionnements dus à la collectivité des travailleurs. Ces perfectionnements de détail finissent à la longue par provoquer de véritables révolutions industrielles. Quel rapprochement établir entre les grands fours à acier de 200 tonnes, avec sole mobile, revêtement basique et les anciens fours Siemens, fondant à peine 2 à 3 tonnes d'acier.

Les essais de réception ont ou plus exactement auraient, s'ils étaient suffisamment répandus, une influence prépondérante sur ces progrès continus de l'industrie. Le fabricant ne peut améliorer son travail sans y être poussé par le consommateur et celui-ci ne peut demander de nouveaux progrès s'il n'est pas lui-même en mesure de se rendre compte des qualités et défauts des matériaux mis à sa disposition. Ce serait folie

6

pour un industriel de venir offrir à un consommateur satisfait de son sort, des produits mieux fabriqués ; il provoquerait immédiatement sa défiance.

Les exigences des services de la Marine et de la Guerre en France, ont joué un rôle capital dans le progrès incessant de nos aciéries. L'indifférence des constructeurs est au contraire responsable de la stagnation de l'industrie des produits hydrauliques. Aux États-Unis, les exigences des compagnies de chemins de fer, demandant des rails moins fragiles, ou des agriculteurs, demandant des fils de clôture moins altérables, ont, dans ces dernières années, mis en mouvement toute la métallurgie américaine. Nous leur devrons peut-être l'introduction définitive du four électrique dans la sidérurgie.

Pour manifester des exigences semblables, le consommateur doit d'abord être capable d'apprécier les différences de qualité ; il y arrive par les essais. On peut classer ceux-ci en trois catégories différentes :

La première façon de faire les essais consiste à ne pas en faire du tout et à juger de la qualité des matériaux par les résultats obtenus dans leur emploi. Pour un grand nombre de praticiens, ce système serait même le seul logique. Avec un personnel infiniment habile, ne se trompant jamais dans la mise en œuvre des matériaux employés, ce système, malgré des inconvénients évidents, serait cependant suffisant pour stimuler utilement la production, mais cette infaillibilité n'existe pas ; les fabricants d'acier le savent mieux que personne. Que de fois, un excellent acier à outils est brûlé par un ouvrier maladroit, et la qualité du métal incriminée à tort ; souvent encore, une bonne tôle de chaudière sera altérée par un travail imprudent au voisinage de la température critique du bleu. Trop souvent, les critiques adressées aux fabricants sont seulement une manifestation de l'ignorance du consommateur et, dans ce cas, le producteur se gardera bien de faire un effort inutile pour améliorer sa fabrication, le plus souvent de bonnes paroles seront infiniment plus efficaces pour amadouer un client grincheux.

Ce système d'essai pratique n'a pas cependant une valeur

tout à fait nulle; il s'oppose certainement à la livraison de matériaux complètement inutilisables, mais il est insuffisant pour provoquer des améliorations rapides et importantes; c'est aujourd'hui le procédé de contrôle le plus employé et par suite le régulateur essentiel de toute fabrication.

Une seconde catégorie d'essais, absolument différente, est celle des conditions de réception imposées par les cahiers des charges des grandes administrations; ce sont les seuls essais pris en considération par les congrès des matériaux ou par les ingénieurs et savants étudiant ces questions. Peut-être s'illusionne-t-on parfois sur leur importance. Leur prix de revient très élevé tant comme capital de premier établissement que comme dépenses courantes, les rend absolument inabordables pour la majorité des consommateurs; ils sont réservés aux administrations de l'État et à quelques grandes sociétés industrielles. Même dans ces conditions leur utilité est souvent paralysée par des erreurs graves de principe. Une connaissance imparfaite de l'industrie donnera naissance à des essais, sans intérêt réel, également satisfaits par les produits de bonne et de mauvaise qualité; d'autres fois au contraire, les conditions imposées seront complètement irréalisables, du moins avec un prix de revient acceptable et il faudra fermer les yeux sur leur non-exécution.

Il existe enfin une troisième catégorie d'essais des matériaux, peu en faveur jusqu'ici; je la préconise depuis longtemps et voudrais en signaler les avantages. Ce sont les essais sommaires et accélérés, visant exclusivement les qualités dominantes de chaque matière, c'est-à-dire les plus utiles pour leur emploi. Ces essais, trop rudimentaires pour être inscrits dans des cahiers des charges, suffisent cependant pour se faire une idée assez juste de la valeur des matériaux examinés, et ils sont assez simples, assez économiques, pour être accessibles à tous les consommateurs. Le point essentiel à prendre en considération est le suivant: entre l'absence complète d'essais de réception et les essais sommaires ici visés, il y a une différence énorme comme résultats pratiques. Tout fournisseur, qui se trouve en présence d'un client capable d'apprécier la valeur des marchandises livrées, et de faire un effort pour se renseigner à ce sujet, fait toujours à ce dernier un traitement de faveur, lui donne sa meilleure fabrication, sans y être obligé cependant par aucun cahier des charges. En même temps, la différence de dépenses entre l'absence complète d'essais et les essais sommaires est très faible. Par contre, la différence des avantages obtenus avec les essais sommaires et les essais complets des cahiers des charges est infiniment petite, tandis que l'augmentation de dépense est infiniment grande. Je vais préciser ces notions par quelques exemples.

Consulté, il y a pas mal d'années déjà, par le ministère de la Guerre, pour les fournitures de charbon destinées aux casernements militaires, je me suis trouvé en présence d'usages différents ; là, absence de toute condition de réception, là, au contraire, conditions de cahiers des charges très strictes, mais jamais appliquées. On ne peut pas, en effet, dans chaque caserne, avoir un laboratoire d'analyses pour le dosage des cendres ou des matières volatiles ni avoir des employés capables de faire une prise d'essais. J'ai recommandé le système suivant : fournitures sur cahiers des charges, mais avec la réserve expressément formulée de ne recourir à ce cahier des charges que dans des circonstances exceptionnelles, en cas de conflit absolu avec le fournisseur. Dans tous les cas, comme procédé normal de réception, un essai sommaire, consistant à brûler 50 kilogrammes de charbon dans un brasero à tôle perforée, comme ceux qui servent au chauffage des chantiers de nuit en plein air, avec observation de la hauteur de la flamme, pesée finale des cendres et mâchefers restants. N'importe quel sous-officier peut exercer ce contrôle, et il suffit largement pour maintenir en haleine le marchand de charbon.

Autre exemple : il existe depuis longtemps, pour la réception des produits hydrauliques, de magnifiques cahiers des charges, prescrivant des essais de prise, des essais de finesse, des essais de densité, des essais d'invariabilité de volume, des mesures de résistance mécanique sur pâtes pures et mortiers. Tous ces essais sont très difficiles à exécuter convenablement, les laboratoires les plus richement outillés n'arrivent pas à obtenir des résultats concordants ; ces essais sont extrêmement longs et coûteux, aussi ne sont-ils jamais appliqués pour les produits hydrauliques courants, et la qualité de ces derniers est lamentable. Il est possible cependant d'apprécier à très peu de frais les qualités essentielles des liants hydrauliques ; par exemple pour les chaux communes, j'ai proposé l'essai sommaire suivant, adopté finalement par l'administration des travaux publics : on gâche la chaux en pâte ferme, on conserve l'éprouvette pendant sept jours sous l'eau, pour la laisser durcir, et on essaie ensuite si elle peut supporter, sans enfoncement appréciable, une pression énergique du pouce. On immerge enfin la même briquette dans l'eau bouillante et on l'y maintient pendant six heures ; elle ne doit pas se disloquer ni présenter de trop grandes déformations. Ce simple essai, à la portée de tous les petits entrepreneurs, suffirait pour éliminer la moitié peut-être des chaux fabriquées aujourd'hui, et amener, par suite, une amélioration considérable dans la qualité moyenne des produits vendus.

En se plaçant à ce même point de vue pour les essais de réception des métaux, on pourrait, me semble-t-il, se contenter, dans la majeure partie des cas, des deux essais sommaires suivants : essai de dureté à la bille, au moyen du procédé par choc ; essai de fragilité en cassant d'un seul coup de marteau une éprouvette entaillée et prise par une de ses extrémités dans un étau ; on mesurerait ensuite l'angle de rupture en rapprochant les deux parties rompues ; il n'y a pas un constructeur, un petit mécanicien qui ne puisse faire ces essais ; la généralisation de leur emploi ferait bientôt disparaître les métaux fragiles, d'un usage encore trop fréquent aujourd'hui. Différentes objections ont été faites à ces essais sommaires ; elles proviennent, la plupart du temps, du point de vue différent auquel on les envisage. Par exemple, la mesure de l'angle de rupture n'est pas possible, dit-on, quand le barreau a éprouvé une déformation importante, les deux surfaces de rupture ne peuvent plus être exactement mises en contact. Cela est parfaitement vrai, mais cela est aussi sans intérêt ; le métal ainsi déformé est bon, on doit l'accepter sans perdre son temps à faire des mesures. Il faut cependant une certaine uniformité dans ces essais sommaires ; il est utile de les rendre, dans la mesure du possible, comparables aux essais plus précis des cahiers des charges. L'Association internationale des méthodes d'essais, a proposé des éprouvettes type Charpy, les éprouvettes pour les essais sommaires doivent s'en rapprocher le plus possible, garder la même section de rupture et la même largeur au fond de l'entaille, ce sont là les deux facteurs essentiels à prendre en considération.

Voici encore un autre exemple. Les papiers d'impression employés en France sont le plus souvent d'une qualité déplorable, bien inférieurs à ce qu'ils étaient il y a une quarantaine d'années. Cela tient à l'emploi de la pâte mécanique de bois, qui s'altère à la lumière et à l'humidité. Les éditeurs n'en savent rien et pourtant il suffit de passer avec un pinceau quelques gouttes d'une solution alcoolique de chlorhydrate de phoroglucine pour donner à la pâte de bois une coloration rouge éclatante qui permet d'en déceler les plus petites quantités. Tout auteur peut faire lui-même cet essai et refuser à son éditeur un papier qui ne satisfait pas au moins à cet essai sommaire. Avec un peu de bonne volonté, on transformerait ainsi chez nous l'industrie de la papeterie. Les lecteurs de la Revue, désireux de se rendre compte de la valeur de cet essai et de la facilité de son usage, n'ont qu'à l'appliquer aux années successives de la *Revue de Métallurgie*. En regardant en même temps la couleur des bordures de pages, ou en exposant au soleil les pages essayées, ils verront les progrès réalisés depuis la première année.

Le jour où l'on aura ainsi défini des essais sommaires pour les principaux matériaux et généralisé leur usage parmi les consommateurs, l'industrie française aura réalisé un progrès considérable ; c'est là l'excuse de l'insistance avec laquelle je lutte pour obtenir la diffusion de ces idées.

SUR LES ESSAIS SOMMAIRES DES MATÉRIAUX

Suite à l'article précédent de M. H. Le Chatelier
publiée dans la *Revue de Métallurgie*, n° 10, novembre 1909.

M. H. Le Chatelier a bien voulu me communiquer la note qu'il a rédigée sur les essais de matériaux et m'invite à exprimer sur le même sujet mon opinion, qu'il sait différer un peu de la sienne.

J'ai, en effet, insisté à plusieurs reprises, et notamment au récent Congrès de Copenhague, sur la nécessité qu'il y a, à mon avis, d'introduire la plus grande précision possible dans les essais de matériaux ; au risque d'être taxé de présomption, j'essaierai de résumer ici quelques-uns des arguments qui me conduisent à envisager la question à un point de vue un peu différent de celui qu'a adopté M. H. Le Chatelier ; il y a peut-être quelque intérêt, d'ailleurs, à souligner ce fait, un peu paradoxal en apparence, qu'une longue pratique des expériences de laboratoire conduit un savant à recommander des essais sommaires et approximatifs, tandis qu'un industriel arrive à déclarer qu'il faut effectuer ces essais le plus scientifiquement et le plus minutieusement possible.

Au fond, la divergence de vues n'est pas très grande : elle porte principalement sur l'évaluation relative des avantages et des inconvénients des deux façons de procéder ; M. H. Le Chatelier écrit que « la différence des avantages obtenus avec les essais sommaires et les essais complets des cahiers des charges est infiniment petite, tandis que l'augmentation de dépense est infiniment grande. » et il donne des exemples probants relatifs aux charbons et aux ciments. Mais, en ce qui concerne les produits métallurgiques, je crois, au contraire, que la différence de prix entre des essais sommaires et des essais précis est trop petite pour compenser la différence des avantages.

Le procédé le plus généralement suivi, et qui est d'ailleurs parfaitement rationnel, consiste à effectuer un essai pour juger de la valeur de toute une série de pièces ou de produits provenant d'une même coulée de métal et nécessite, le plus souvent, qu'une de ces pièces soit sacrifiée. Le prix de la matière ainsi détruite, ainsi que les frais de manutention et de découpage d'une masse parfois assez importante représente, dans bien des cas, la majeure partie de la dépense afférente à l'essai.

Sans examiner le cas des produits militaires ou des aciers spéciaux qui valent plusieurs francs au kilogramme, considérons le cas des bandages de roues de chemins de fer. Pour essayer un lot de bandages, il faudra en sacrifier un; le prix de ce bandage et les frais nécessaires pour y découper dans la masse une éprouvette seront incomparablement plus grands que les dépenses nécessaires pour ajuster cette éprouvette avec soin et l'essayer avec un appareil précis. Il en sera de même pour des essais de rails ou d'essieux, etc...

La différence du prix de revient des essais sommaires et des essais minutieux, très importante pour des produits tels que les ciments, où la prise d'essai n'a qu'une valeur infime par rapport au prix des produits réceptionnés, diminue donc considérablement quand on considère les produits métallurgiques, pour lesquels les frais d'essai se répartissent tout autrement.

Les inconvénients que présentent des essais trop incomplètement définis me paraissent, au contraire, assez sérieux; ils introduisent un élément de doute dans des problèmes qui en comportent déjà un trop grand nombre. L'un des points qui semblent les plus importants à élucider dans ce qui touche aux essais de matériaux, consiste à déterminer la relation qui existe entre les chiffres fournis par divers essais mécaniques effectués préalablement sur le métal d'une pièce et les résultats fournis par cette pièce en service. C'est là le seul moyen pratique d'apprécier l'importance relative des différents modes d'essais et de choisir celui qui conviendra dans chaque cas particulier; or, on ne peut comparer des essais effectués de divers côtés que s'ils sont obtenus suivant des procédés dont les différentes particularités sont définies aussi exactement que possible. Faute de prendre assez de précautions, on risque d'enlever toute valeur probante à de nombreux résultats d'expériences longues et, malgré tout, coûteuses. Les discussions qui ont eu lieu au sujet des essais de choc sur barreaux entaillés fournissent un exemple très net de l'impossibilité qu'il y a à comparer des résultats obtenus par des méthodes différentes et incomplètement définies.

Dans un autre ordre d'idées, la définition rigoureuse des essais est aussi absolument nécessaire en ce qui concerne les produits dont la commande est remise par adjudication, et la réception effectuée d'après un cahier des charges. Cette manière de faire n'intéresse pas seulement les grandes administrations et la plupart des producteurs, car elle se répand incontestablement dans la pratique de l'industrie privée ; de nombreux constructeurs imposent actuellement des conditions très étroitement limitées pour la réception des produits qu'ils commandent ; sans discuter s'ils ont tort ou raison de copier ainsi les habitudes des grandes administrations, il faut bien reconnaître que c'est principalement dans ces circonstances que les congrès peuvent faire une œuvre d'unification utile, en établissant des prescriptions générales et bien étudiées qui pourraient être adoptées par les consommateurs qui ne peuvent se faire d'idées personnelles sur ces questions. Or, ces prescriptions ne seront jamais trop minutieuses et trop précises si on veut éviter les contestations, et les dépenses qu'entraîneront les essais les plus délicats ne seront rien auprès de celles qui peuvent résulter de la moindre incertitude sur les conditions imposées aux produits. Il est impossible de se figurer à quelles discussions et quelles conséquences peuvent entraîner les plus petites indéterminations dans les règles fixées à un service de contrôle quand on n'a pas suivi de près la marche d'une usine fabriquant de nombreux produits soumis à réception. Un contrôleur ignorant, timoré ou malveillant peut, en quelques mois, causer à une usine des pertes qui se chiffrent par des sommes énormes, sans qu'il en résulte le plus petit avantage pour son administration ; il ne faut donc pas s'étonner si un industriel préférera supporter les dépenses que peuvent comporter certains essais que de courir de pareils risques. Je sais bien que les prescriptions trop minutieuses et trop précises sont plutôt une gêne pour les bons contrôleurs, c'est-à-dire pour ceux qui admettent que le bon sens peut jouer un rôle dans leur métier ; mais c'est le seul moyen de se défendre contre les mauvais, et, de deux maux, il faut choisir le moindre.

Je suis d'ailleurs bien convaincu que, comme le pense M. H. Le Chatelier, des essais sommaires sont parfaitement suffisants pour l'utilisation rationnelle des matériaux ; mais dans l'état actuel des idées et en raison des habitudes qui ont cours, je crois qu'il est préférable de commencer en péchant plutôt par excès que par défaut de précision, surtout lorsqu'il s'agit d'une méthode nouvelle et dont les conséquences sont sujettes à discussion.

L'UTILISATION DES COMPÉTENCES

Les quelques notes qui précèdent suffisent à montrer que les conditions techniques qui doivent servir de base à la réception des métaux méritent une révision sérieuse. Sans insister plus longuement sur ce sujet, nous nous bornerons, pour terminer cette étude, à rassembler ici quelques observations relatives à l'application pratique des cahiers des charges ; nous aurons ainsi à examiner le fonctionnement du contrôle dans les usines productrices, le prélèvement des échantillons, l'organisation des laboratoires d'essai.

Ce qui frappe surtout quand on examine à ces différents point de vue ce qui existe à l'heure actuelle, c'est l'énorme dispersion des efforts, ainsi que la diversité des méthodes ; chaque Administration a ses contrôleurs ; les uns restent à demeure dans les établissements les plus importants ; les autres circulent constamment à travers les usines disséminées dans une région souvent fort étendue ; les uns effectuent directement des essais sur les machines extraordinairement variées mises à leur disposition dans les différents ateliers et prononcent les réceptions sur place ; les autres se contentent de prélever des éprouvettes d'essai qu'ils envoient dans les laboratoires de leur Administration.

Comme conséquence de cet état de choses, on trouverait, si l'on essayait d'appliquer aux agents de contrôle la méthode du chronométrage chère à Taylor, un coefficient d'utilisation des plus variables et souvent des plus réduits. La chose est particulièrement frappante à l'heure actuelle ; alors que les services de réception de l'artillerie de terre et du génie, littéralement débordés, se renforcent d'innombrables adjoints dont beaucoup sont forcément très inexpérimentés, les contrôleurs les plus compétents de la Marine, de l'Artillerie navale, des compagnies de Chemins de fer, etc., restent à peu près complètement inutilisés, les usines ne fournissant presque rien aux Administrations qu'ils représentent.

L'idée qui se présente immédiatement à l'esprit est que cela n'arriverait pas avec un corps unique d'agents de contrôle ; et cette solution, lorsqu'on l'étudie, paraît présenter de tels avantages que nous nous bornerons à l'exposer au lieu de chercher à décrire et à critiquer l'organisation actuelle, si on peut appeler cela une organisation.

L'utilisation sinon d'un corps unique de contrôleurs, du moins d'un nombre de groupements aussi réduit que possible paraîtra surtout rationnelle si l'on considère que la livraison d'une fourniture suivant un cahier des charges est en somme l'exécution d'un contrat bilatéral et qu'il serait par suite logique que l'arbitre chargé de décider que les conditions convenues sont bien remplies fût également indépendant par rapport aux deux parties. Cette solution, satisfaisante au point de vue du droit, a en outre l'avantage de permettre la séparation des attributions, qui est une condition essentielle du progrès, la compétence d'un individu étant forcément limitée à un nombre restreint de matières.

C'est d'après ce principe que se sont constituées les sociétés à attributions spéciales dont les plus connues sont les Associations de propriétaires d'appareils à vapeur, le bureau Veritas pour la construction et la classification des navires, l'Association des industriels de France contre les accidents du travail, etc..., etc... Certaines des Associations que nous venons de citer procèdent déjà à des réceptions de matériaux pour le compte de leurs clients. Ce que nous signalons, c'est la possibilité de généraliser cette manière de faire et de l'étendre aux Administrations dont les plus importantes ne parviennent qu'avec peine à avoir un personnel réellement spécialisé. Dans le même ordre d'idées, on peut citer le fonctionnement de la vérification des appareils à vapeur par les ingénieurs et contrôleurs du

Corps des Mines. La forme des grandes associations privées, telles que celles qui sont énumérées plus haut, paraît plus souple et plus facile à réaliser, surtout pour un développement progressif, que celle d'un corps de fonctionnaires. D'ailleurs, dans l'exemple qu'on vient de citer, les Associations de propriétaires d'appareils à vapeur fonctionnent à côté des ingénieurs des Mines et sans que cela donne lieu à difficultés.

L'existence d'un corps nombreux de contrôleurs permettrait d'établir un recrutement rationnel de ces agents et de leur donner une formation et une instruction adéquates aux fonctions qu'ils ont à remplir ; la hiérarchie pourrait y être assez développée pour que des ingénieurs de valeur pussent se spécialiser dans ce métier, car c'est un métier comme un autre, tout en y trouvant la possibilité d'arriver à une situation suffisamment importante ; et cette spécialisation serait le plus sûr moyen de constituer un corps de doctrine, une tradition susceptible de servir de base pour la rédaction des cahiers des charges. A l'heure actuelle, les fonctions de contrôleur, en raison de la multiplicité des points d'attache, sont très peu hiérarchisées. Il en résulte qu'un agent de contrôle conserve indéfiniment la même situation, à moins qu'il ne l'occupe que temporairement, ce qui arrive souvent, non sans graves inconvénients au point de vue de la compétence de ces fonctionnaires occasionnels. Tout ingénieur suffisamment instruit peut se mettre au courant des questions de contrôle, mais encore lui faut-il pour cela un certain temps d'étude et de préparation bien dirigées.

Même en prenant pour leur recrutement et leur formation des précautions que l'on néglige trop souvent à l'heure actuelle, il est inutile de compliquer outre mesure les fonctions des contrôleurs, de les charger par exemple d'effectuer eux-mêmes les essais qui seront exécutés dans de bien meilleures conditions dans un laboratoire central, dûment surveillé par des spécialistes compétents et tout à fait indépendants. Combien y a-t-il de contrôleurs qui connaissent à fond les différents types de machines d'essais, qui soient à même d'en vérifier minutieusement le montage, la graduation et le fonctionnement ? Aussi les essais exécutés par eux dans les usines, sur des machines qu'ils

connaissent mal, dans des laboratoires qu'ils ne font que traverser, n'ont-ils jamais le caractère de certitude qui doit être
recherché avant tout en ces matières. Quand les essais sont
effectués dans les laboratoires des Administrations qui reçoivent
les produits, la difficulté n'est pas la même; on dit souvent
que l'Administration n'ayant aucun intérêt à orienter le résultat opère, par cela même, avec la plus grande impartialité ; elle
peut néanmoins se tromper et, comme elle est juge et partie, ne
pas mettre beaucoup de bonne grâce à le reconnaître ; cela
s'est vu. La solution rationnelle paraît donc être le laboratoire
complètement indépendant, qui est contrôlé à la fois par le
producteur et par le consommateur, et qui a un intérêt majeur
à maintenir l'exactitude rigoureuse de ses déterminations, sans
laquelle il serait rapidement discrédité. Il existe déjà de ces
laboratoires, tel le Laboratoire central d'Électricité, le Laboratoire de conditionnement des Soies, etc., et, pour le cas qui
nous occupe plus spécialement, le Laboratoire du Conserva-
toire National des Arts et Métiers. Ce dernier pourrait (en
temps normal s'entend) faire, sans difficulté aucune, cinq ou
six fois plus d'essais qu'il n'en exécute et avec un personnel
très inférieur en nombre à celui qu'immobilisent les nombreux
laboratoires qui seraient ainsi remplacés. La centralisation des
essais produirait incontestablement une énorme économie de
main-d'œuvre, tout en supprimant la question si irritante et si
incertaine des tarages de machines et augmentant la certitude
des résultats.

Les contrôleurs auraient donc surtout pour mission d'examiner la fabrication en cherchant principalement à apprécier
la régularité réalisée dans les produits et par suite la proportion des épreuves qu'il est nécessaire d'effectuer pour pouvoir
évaluer sans trop d'erreur la qualité moyenne d'une fourniture.
Ils auraient également à effectuer les prélèvements d'éprouvette, que ces prélèvements soient faits avant expédition dans
les usines productrices ou à l'arrivée dans les ateliers de transformation, et à les expédier dans un laboratoire central d'essais.
En opérant ainsi, ce qui ne ferait que généraliser les organisations
existantes, on pourrait, à notre avis, sans sacrifier si peu que

ce soit de la rigueur des contrôles, en l'augmentant au contraire, et en évitant toutes les causes de contestation, on pourrait, disons-nous, diminuer de 50 p. 100 au moins le nombre des personnes occupées à des opérations de réception ; et ce ne serait pas une économie négligeable.

TABLE DES MATIÈRES

www.ingramcontent.com/pod-product-compliance
Ingram Content Group UK Ltd.
Pitfield, Milton Keynes, MK11 3LW, UK
UKHW020648120726
13658UKWH00006B/907